DER BUNDESTAG!
-GESCHICHTE
-NEUE WAHLEN
-DEMOKRATIE
-WEI

ANDREA PALUCH

HIER WIRD POLITIK GEMACHT!

DAS REICHSTAGSGEBÄUDE

ILLUSTRATIONEN VON
STEPHANIE MARIAN

KARIBU

Kommt mit. Jetzt erfahren wir gemeinsam mehr über Politik!

ANDREA PALUCH

HIER WIRD POLITIK GEMACHT!

DAS REICHSTAGSGEBÄUDE

ILLUSTRATIONEN VON
STEPHANIE MARIAN

INHALT

Andrea Paluch

Andrea Paluch schreibt Bücher für jedes Lesealter. Am liebsten versucht sie, schwierige Dinge leicht zu vermitteln. Das ist gar nicht mal so einfach, und sie lernt eine Menge dabei. Deshalb findet sie das Schreiben als Beruf so gut – es ist eine große Herausforderung.

Stephanie Marian

Stephanie Marian, leidenschaftliche Illustratorin, hat ihren Weg von der MSD – Münster School of Design – zurück in die Nähe von Braunschweig gefunden, wo sie lebt und ihre Kinderbücher, vor allem Sachbilderbücher, kreiert. Mit einem guten Hörbuch, einer Tasse Tee und ihrer geheimen Schokoladenreserve entstehen ihre einzigartigen Werke.

Hallo, ich bin Fritzi, die fliegende Sensation im Insektenreich und eine begeisterte Reporterin. Geboren wurde ich in einer gemütlichen Obstschale, wo ich schnell meine Flügel für aufregende Abenteuer entfaltete.

Meine große Liebe gilt der Politik. Als freie Journalistin flitze ich von Politiker:in zu Politiker:in, immer auf der Suche nach den neuesten Neuigkeiten, die ich gerne mit anderen teile.

Mit meinen multifunktionalen Facettenaugen behalte ich stets den Überblick über alle politischen Flugmanöver und sorge dafür, dass keine Informationen, egal wie klein, an mir vorbeischwirren.

LIEBE LESERINNEN UND LESER,

über das Reichstagsgebäude in Berlin gibt es viel zu erzählen. Was ist das für ein Haus, das aussieht wie ein Schloss und irgendetwas mit Politik zu tun hat? Wenn man versucht, dahinterzukommen, ist man plötzlich mittendrin in der deutschen Geschichte. Warum wurde das Reichstagsgebäude gebaut, und was ist seine Funktion heute? Mit dieser Frage landet man beim Deutschen Bundestag, über den man kaum sprechen kann, ohne zu erklären, wie Demokratie funktioniert. Wenn man sich also mit dem Reichstagsgebäude beschäftigt, stolpert man über viele interessante und wichtige Themen.

Wir hoffen, Ihr seht das auch so, wenn Ihr das Buch lest oder es zusammen mit anderen anschaut. Und wenn Ihr das Reichstagsgebäude mal mit Eurer Klasse oder Euren Eltern besucht, könnt Ihr all die Orte in echt sehen, an denen sich die Ereignisse aus dem Buch abgespielt haben. Das ist ziemlich spannend. Also, auf ins Abenteuer und erkundet das Reichstagsgebäude!

Viel Spaß wünschen Euch

Andrea & Stephanie

DAS REICHSTAGSGEBÄUDE – WAS IST DAS ÜBERHAUPT?

Eins der bekanntesten Gebäude in Berlin ist das Reichstagsgebäude. Es sieht aus wie ein Schloss und hat auf dem Dach eine moderne Kuppel aus Glas. Viele Touristen und Touristinnen besuchen das Reichstagsgebäude. Man kann dort viel über die deutsche Geschichte und die deutsche Politik lernen oder einfach nur auf das Dach gehen und die Kuppel besteigen.

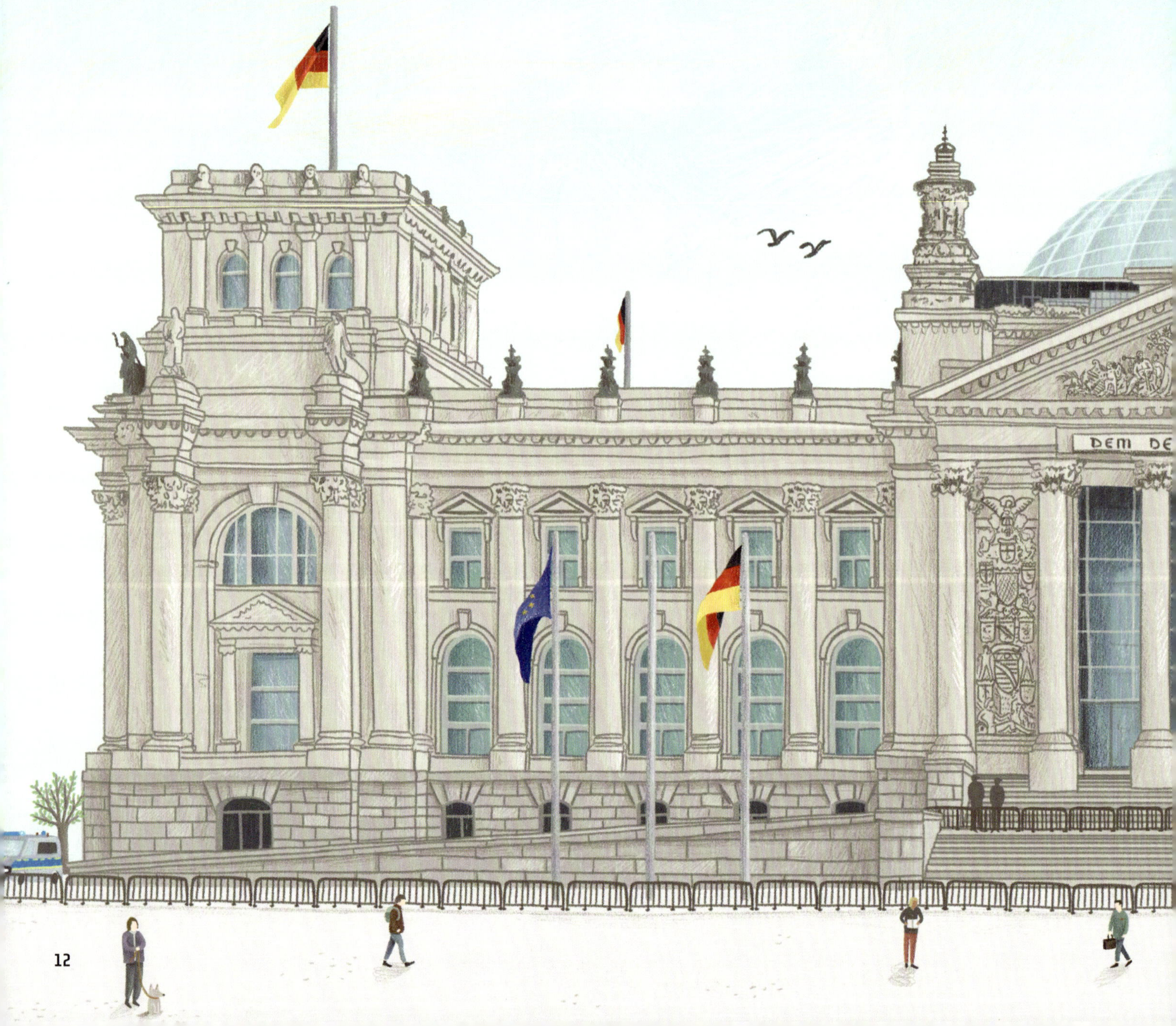

Was ich komisch finde, ist, dass man zum Reichstagsgebäude auch einfach „Reichstag“ oder „Bundestag“ sagen kann. Warum ist das so?

Über das Reichstagsgebäude kann man viel erzählen. Oft werden dabei schwierige Wörter benutzt, sodass man schnell nicht mehr versteht, worum es eigentlich geht. Ein paar der Wörter kommen auch oft in den Nachrichten vor. Deshalb ist es eigentlich wichtig, dass man ihre Bedeutung kennt. Wir versuchen ein paar Dinge so zu erklären, dass man sie verstehen kann.

DER DEUTSCHE BUNDESTAG IM REICHSTAGSGEBÄUDE

MANCHMAL HEIẞT ES BUNDESTAG

Oft sagt man zum Reichstagsgebäude auch „Bundestag“. Genauso oft wird das Gebäude aber auch „Reichstag“ genannt.

Bundestag besteht aus zwei Wörtern: „**Bundes**“ und „**Tag**“.

Das Wort „**Bund**“ bedeutet, dass sich mehrere Teile zu einem Ganzen verbunden haben.

Du kennst vielleicht das Wort „**Bundesrepublik**“.

Das ist sozusagen der Vorname von Deutschland. „**Bund**“ bedeutet hier, dass sich mehrere Länder zu einem großen Ganzen verbunden haben.

„**Republik**“ bedeutet, dass es sich um ein Land ohne König:in handelt.

Zusammen ergibt das „**Bundesrepublik Deutschland**“. Die einzelnen Länder, die sich zusammengeschlossen haben, heißen Bundesländer.

NATURSCHUTZBUND

BUND DER EHE

DEUTSCHER FUßBALL-BUND

Tag kennst du von Tag und Nacht. Bei dem Wort „**Bundestag**“ ist aber eine andere Bedeutung von Tag gemeint. Es handelt sich um das Wort „**tagen**“. Das bedeutet so viel wie sich treffen oder sich zusammensetzen und diskutieren.

Bundestag heißt also in etwa so viel wie: Alle Teile des verbundenen Ganzen, hier der Bundesrepublik Deutschland, treffen sich und diskutieren. Entscheidungen innerhalb des Bundestages werden durch die Mehrheit getroffen.

Der Bundestag versammelt sich im Reichstagsgebäude. Deshalb wird das Gebäude oft einfach Bundestag genannt.

MANCHMAL HEIẞT ES REICHSTAG

Reichstag besteht auch aus zwei Wörtern: „**Reichs**“ und „**Tag**“.

Reich kennst du von arm und reich. Jemand der viel besitzt ist reich. Ein „**Reich**“ ist aber auch ein Gebiet, über das geherrscht wird. Du kennst bestimmt das Wort Königreich.

Von 1871 bis 1918 war Deutschland ein Kaiserreich, das aus vielen Ländern bestand. Viele Königreiche und Fürstentümer haben sich zu einem großen Reich zusammengetan und einen Kaiser an die Spitze gestellt.

„**Tag**“ kommt wie beim Wort Bundestag von „**tagen**“, also sich treffen und diskutieren.

Reichstag heißt also so viel wie: alle Länder des Reiches treffen sich und diskutieren. Es stammt aus der Zeit des Kaiserreichs und ist 150 Jahre alt.

Im Reichstag wurde 1871 beschlossen, „ein den Aufgaben des Deutschen Reiches entsprechendes und der Vertretung des deutschen Volkes würdiges Reichstagshaus“ zu errichten. Es sollte also etwas Protziges her.

Das „**Haus**“ für den Reichstag wurde dann auch ganz schön groß. Heute wird das Reichstagsgebäude manchmal verkürzt einfach Reichstag genannt.

Im ersten Reichstag von 1871 saßen 382 Abgeordnete. Im Bundestag sitzen heute 736 Abgeordnete. Bei so vielen Abgeordneten reicht auch das große Reichstagsgebäude nicht aus für alle Büros und Mitarbeiter:innen. Deshalb umfasst der heutige Deutsche Bundestag viele Gebäude.

WAS IST EIN PARLAMENT? WAS SIND ABGEORDNETE?

Solch eine Versammlung von Menschen wie im Bundestag, die miteinander diskutieren und Entscheidungen treffen, indem sie abstimmen, nennt man Parlament. Der Bundestag ist das **Parlament** von Deutschland. Menschen, die im Parlament arbeiten, nennt man **Parlamentarier:innen**. Sie können dort arbeiten, weil die Bürger:innen sie bei einer Wahl dafür ausgesucht haben. Die gewählten Parlamentarier:innen vertreten die Bürger:innen, das heißt, dass sie stellvertretend für die Bürger:innen im Parlament politische Themen diskutieren und Gesetze erarbeiten.

KANDIDAT:INNEN

Wahlplakate auf den Straßen werben für Parteien und deren Kandidaten und Kandidatinnen.

WAHLENTSCHEIDUNG

Die Wähler:innen kreuzen eine Partei und einen Kandidaten oder eine Kandidatin an.

BUNDESWEITE VERTRETUNG

Die Kandidaten und Kandidatinnen mit den meisten Stimmen in ihrem Wahlkreis werden nach Berlin abgeordnet.

Die Parlamentarier:innen, die sich im Bundestag treffen, um zu diskutieren, heißen **Abgeordnete**. Sie kommen aus allen Teilen Deutschlands, den Bundesländern.

Wie wird entschieden, wer Abgeordnete:r sein darf?

Das entscheiden die Bürger:innen von Deutschland, indem sie wählen gehen. Bei der Bundestagswahl können sie sich auf einer Liste eine Lieblingskandidatin oder einen Lieblingskandidaten aussuchen und ankreuzen.

Diejenigen Kandidaten und Kandidatinnen, die in ihrem Bundesland die meisten Stimmen bekommen, werden in den Bundestag abgeordnet. Das bedeutet so viel wie geschickt.

Die gewählten Abgeordneten haben den Auftrag, ihre Wähler:innen politisch zu vertreten. Dieser Auftrag der Abgeordneten heißt **Mandat**. Deshalb nennt man Abgeordnete auch manchmal Mandatsträger:innen.

Weil das ein Parlament ist, heißen sie auch Parlamentarier:innen.

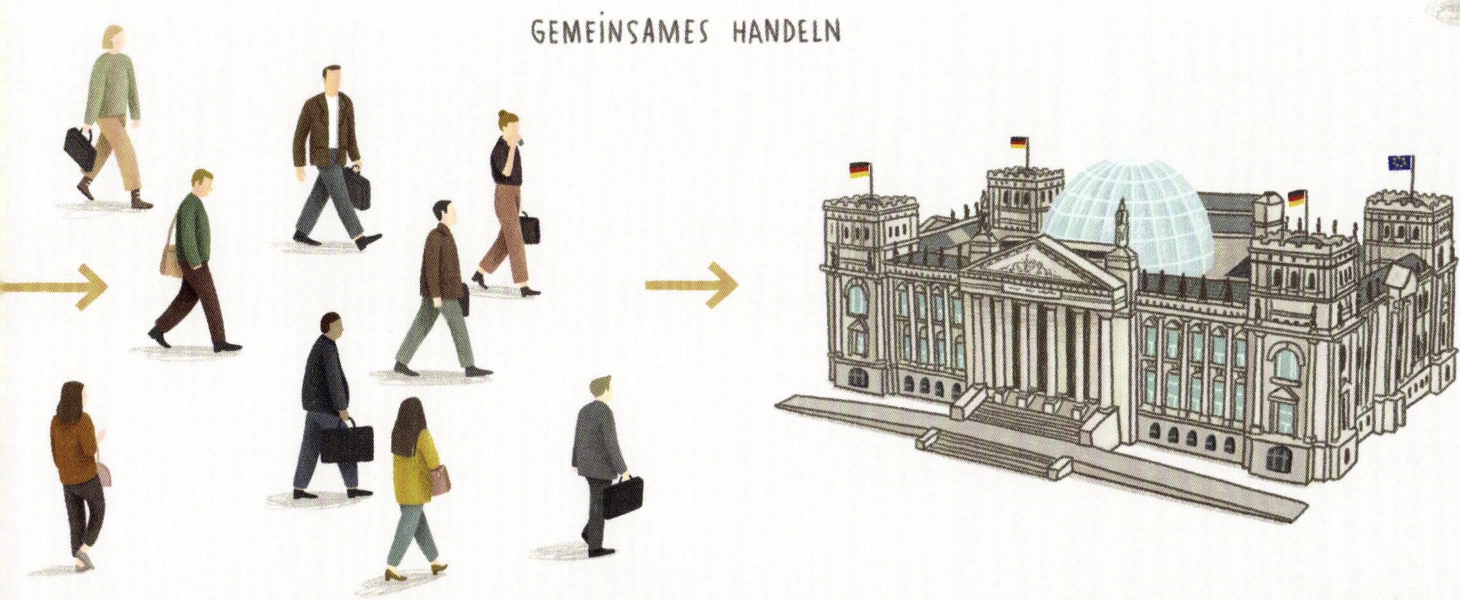

Die gewählten Abgeordneten vertreten die Wähler:innen im Parlament.

Jedes Land hat einen eigenen Namen für sein Parlament.

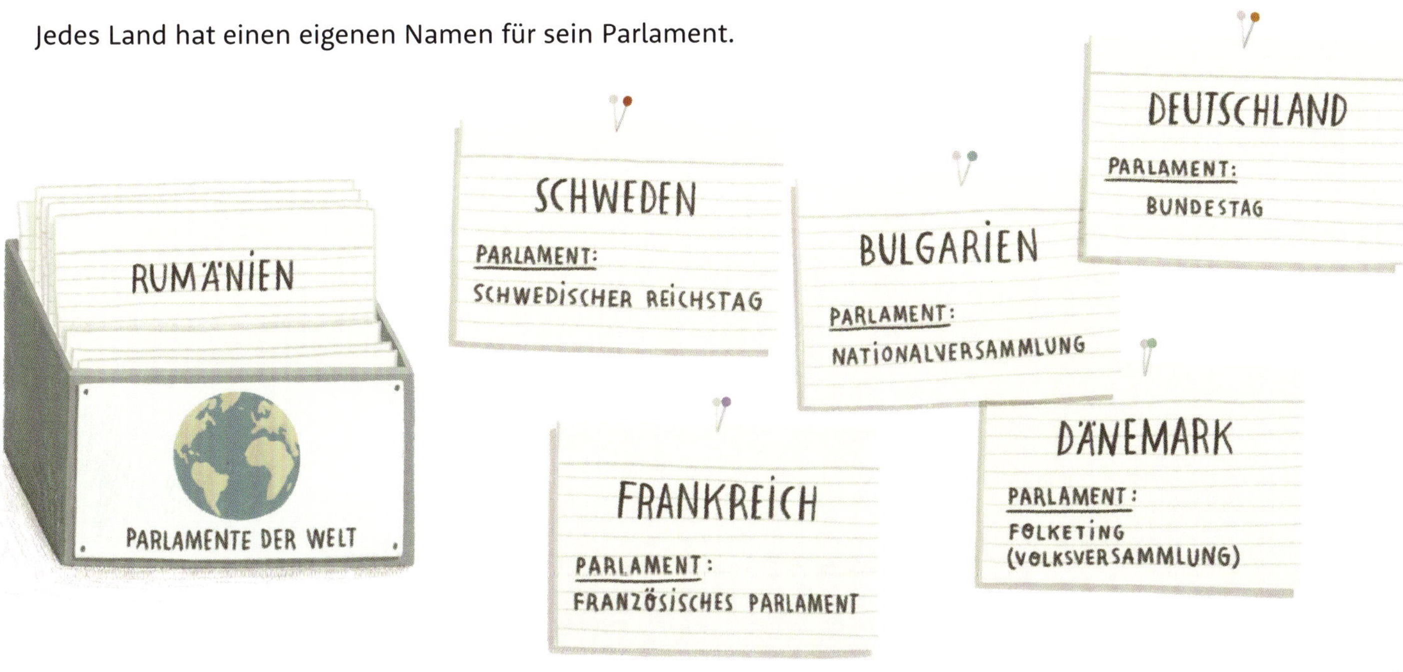

WER DARF WÄHLEN?

Wer kann sich als Abgeordnete:r zur Wahl stellen?

Das können alle Deutschen, die mindestens 18 Jahre alt sind.

Das heißt aber auch, dass Kinder und alle, die keinen deutschen Pass haben, sich nicht zur Wahl stellen dürfen. Und sie dürfen auch nicht wählen. Auch stark geistig behinderte Erwachsene können geschäftsunfähig sein und dürfen dann nicht wählen.

Es gibt Menschen, für die es schwierig ist zu wählen, weil sie im Ausland leben oder obdachlos sind. Man muss nämlich eine feste Adresse in Deutschland haben, damit man zur Wahl eingeladen werden kann. Wenn man die nicht hat, muss man sich lange vor einer Wahl selbst darum kümmern, eine Einladung zu bekommen. Das ist so umständlich, dass das eigentlich niemand macht.

Und es gibt eine große Gruppe Menschen, die zwar wählen dürfen, es aber nicht tun. So wie man das Recht hat, zu wählen, hat man auch das Recht, nicht zu wählen. Wer nicht wählt, verzichtet auf die einfachste Möglichkeit der Mitbestimmung. Nichtwähler:innen bleiben unsichtbar und können bei der Zusammensetzung des Bundestages nicht berücksichtigt werden.

Was könnten die Gründe dafür sein, nicht wählen zu gehen?

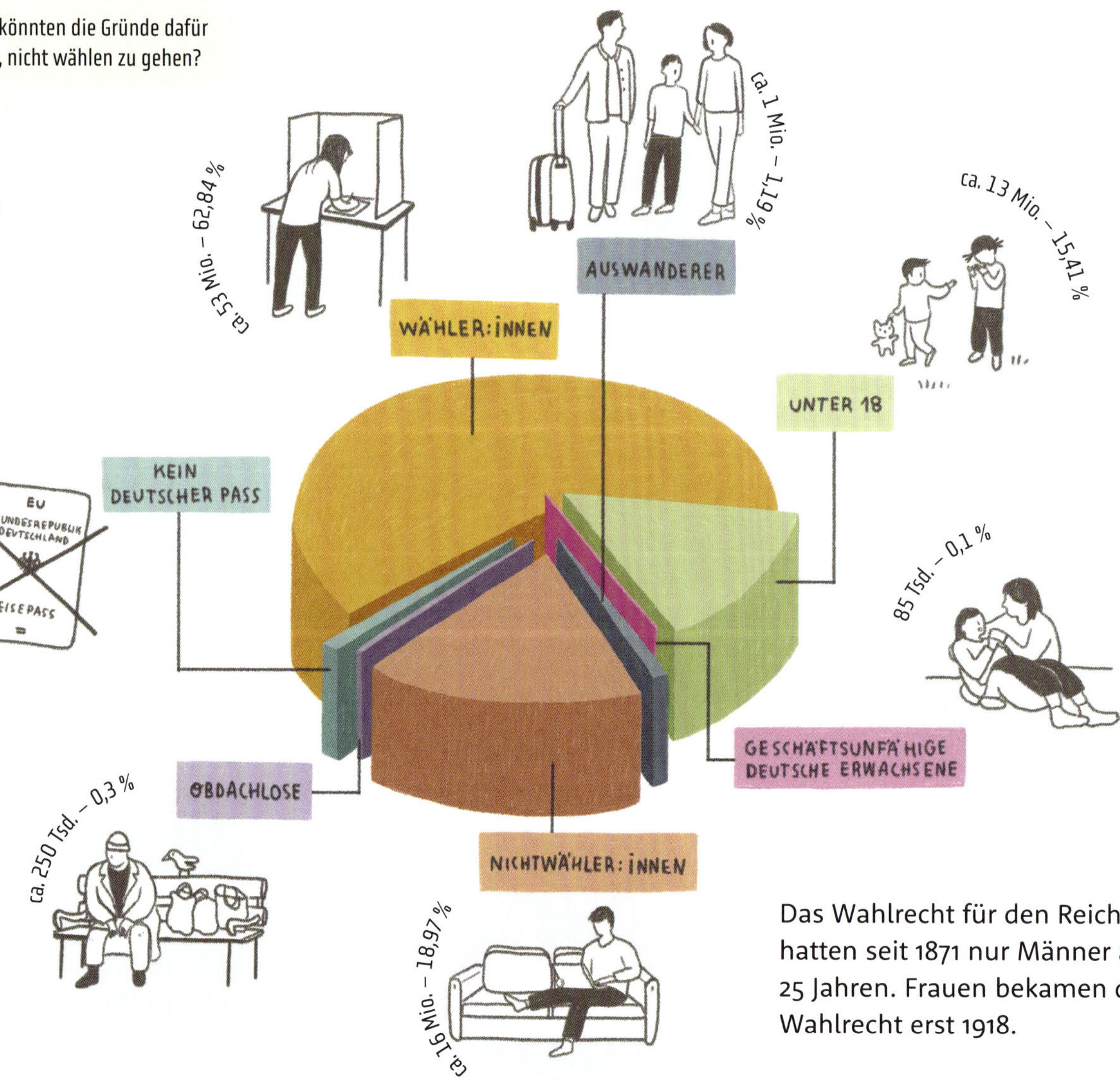

Das Wahlrecht für den Reichstag hatten seit 1871 nur Männer ab 25 Jahren. Frauen bekamen das Wahlrecht erst 1918.

Die Diäten werden von der Bundeskasse gezahlt, einer Behörde, die dem Finanzministerium unterstellt ist.

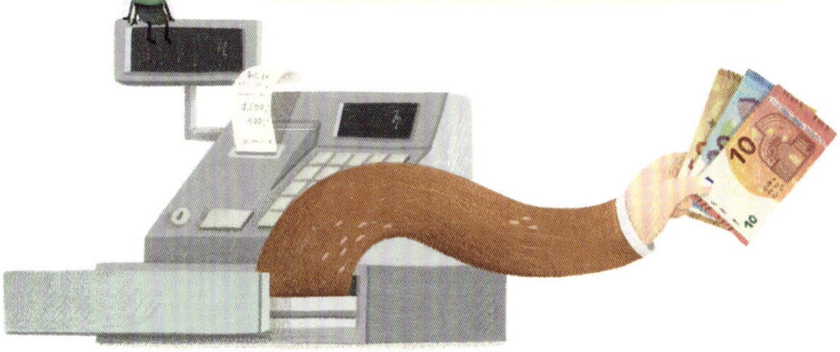

Abgeordnete des Bundestages werden für ihre Arbeit bezahlt. Lustigerweise heißt das nicht Lohn oder Gehalt, sondern Diät. Diese Bezeichnung stammt aus dem Französischen. Gemeint ist damit eine Entschädigung für die Abgeordneten, weil sie ihren bisherigen Beruf aufgeben, um im Bundestag zu arbeiten. Die Abgeordneten bekommen im Monat ungefähr 10.000 Euro Entschädigung. Diät halten müssen sie also nicht.

diète (französisch) – die tagende Versammlung

Im Reichstag wurden bis 1906 keine Diäten an die Abgeordneten gezahlt. Das hat dazu geführt, dass nur Reiche dort gearbeitet haben. Bauern und Arbeiter konnten sich das nicht leisten. Dadurch waren nicht alle gesellschaftlichen Schichten und ihre Interessen im Reichstag vertreten. Auch Frauen haben gefehlt, weil sie sich nicht zur Wahl stellen durften.

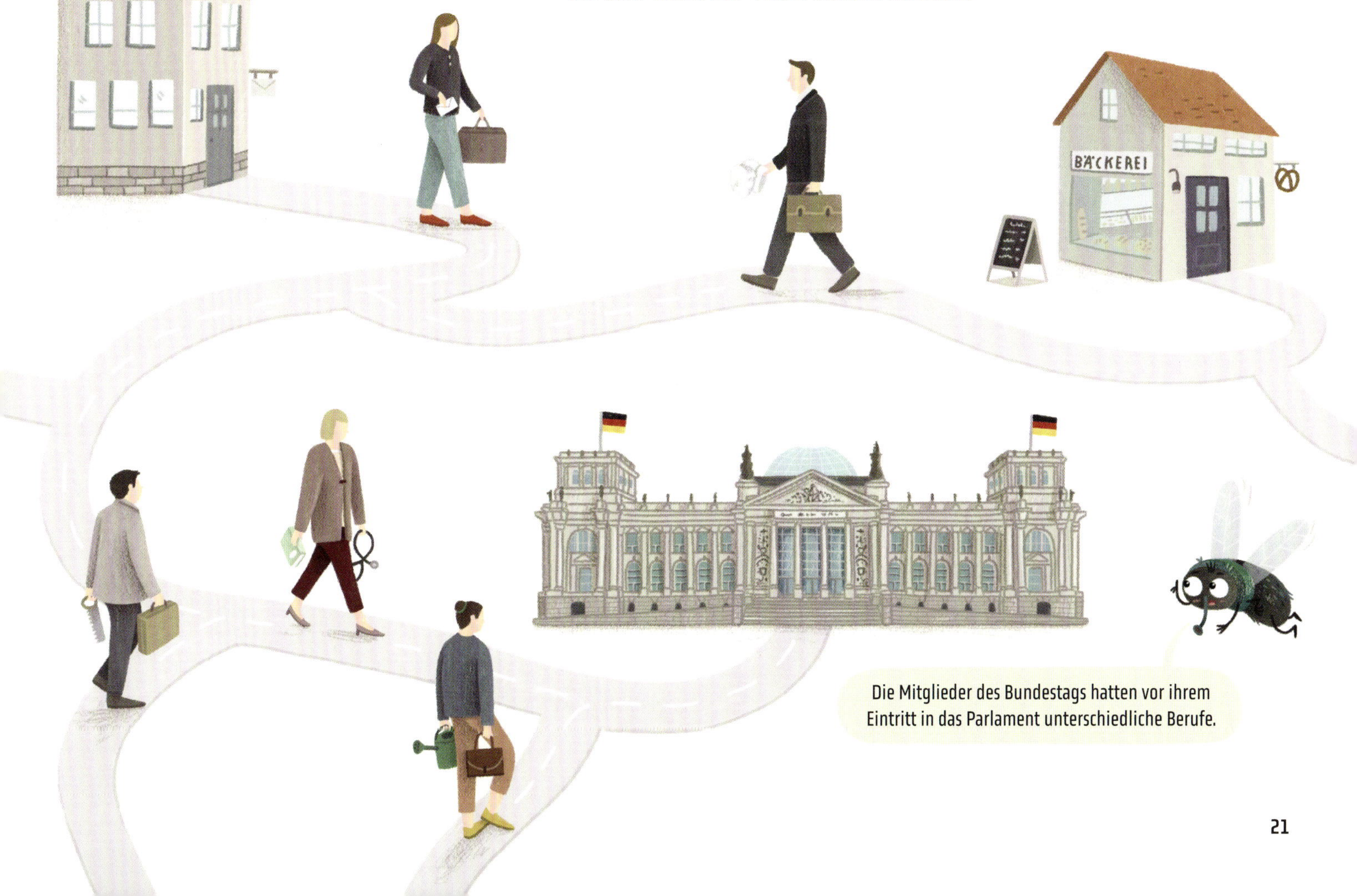

Die Mitglieder des Bundestags hatten vor ihrem Eintritt in das Parlament unterschiedliche Berufe.

VOM WAHLTAG BIS ZUR KANZLER:INNENWAHL

1. WAHLBERECHTIGTE BEVÖLKERUNG

Deutsche Staatsbürger ab 18 Jahren dürfen wählen.

ICH INFORMIERE MICH, WELCHE PARTEI AM EHESTEN MEINE MEINUNG VERTRITT.

2. DIE WAHL

BRIEFWAHL

Für Bürger:innen, die am Wahltag keine Zeit haben.

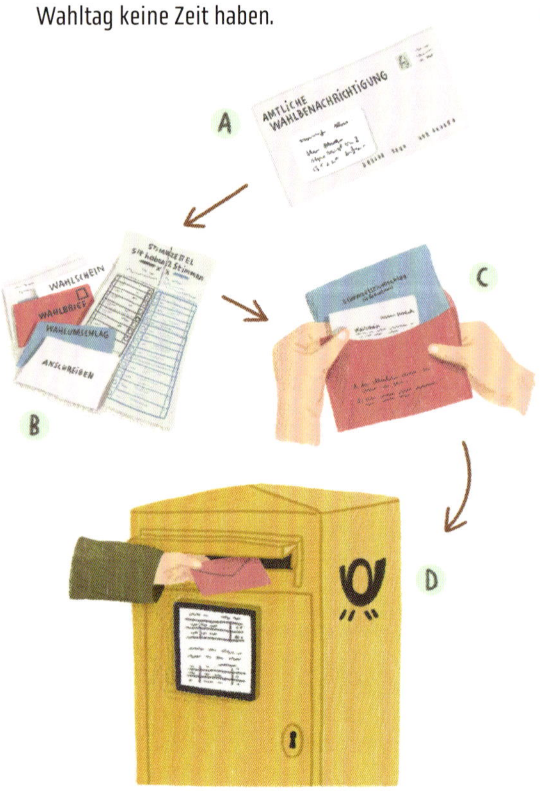

DER WAHLTAG

Geöffnet von 8.00 Uhr bis 18.00 Uhr

Wahllokal z. B. in einer Schule

Wahlbenachrichtigung

Ehrenamtliche Wahlhelfer:innen überpfüfen die Identität der Wähler:innen und verteilen den Stimmzettel.

3. Stimmzettel ausfüllen

Wahlkabine mit Stellwänden

4. Wahlzettel einwerfen

5. Stimmenauszählung

Wahlhelfer:innen zählen die gültigen Stimmen. Dies geschieht unter Aufsicht, um sicherzustellen, dass die Zählung korrekt ist.

Veröffentlichung der Ergebnisse 6.

Das amtliche Wahlergebnis gibt es erst am nächsten Tag.

7. Sitzverteilung im Bundestag

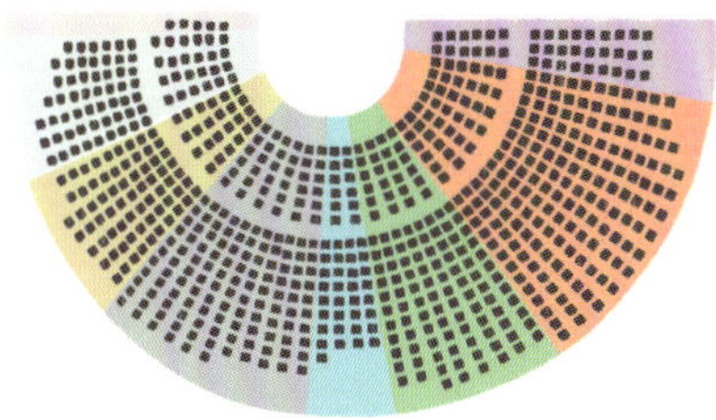

Eine Partei bekommt im Verhältnis so viele Sitze im Parlament, wie sie Stimmen bekommen hat. Je mehr Stimmen eine Partei erhalten hat, desto mehr Sitze bekommt sie.

8. Koalitionsbildung

Um eine Mehrheit im Bundestag zu haben, schließen sich meist mehrere Parteien zu einer Koalition zusammen. Denn mit einer Mehrheit lässt es sich leichter regieren.

Auf Seite 52 findest du mehr zum Begriff „Koalition".

Bundeskanzlerwahl 9.

Die stärkste Partei in der Koalition stellt den oder die Bundeskanzler:in. Diese oder dieser wird von dem Bundespräsidenten oder der Bundespräsidentin ernannt.

Die Amtszeit beträgt 4 Jahre. Eine Wiederwahl ist unbegrenzt möglich. Nach der Ernennung des Bundeskanzlers oder der Bundeskanzlerin beginnt die neue Regierung mit der Arbeit.

SCHWIERIGE WÖRTER 1:
POLITIK UND STAAT

Ein Land braucht Regeln, um zu funktionieren. Das kennst du bestimmt aus deiner Klasse oder deiner Mannschaft: Wenn mehrere Menschen zusammen sind, braucht man Regeln, damit es geordnet zugeht und kein Chaos herrscht. Der Vorgang, in dem diese Regeln für ein Land erarbeitet werden, nennt man **Politik**.

Politische Arbeit regelt und ermöglicht das Zusammenleben einer Gemeinschaft von Menschen auf Dauer. Wenn das innerhalb eines festgelegten Gebietes passiert, nennt man das einen **Staat**.

Ein Staat besteht aus drei Teilen.

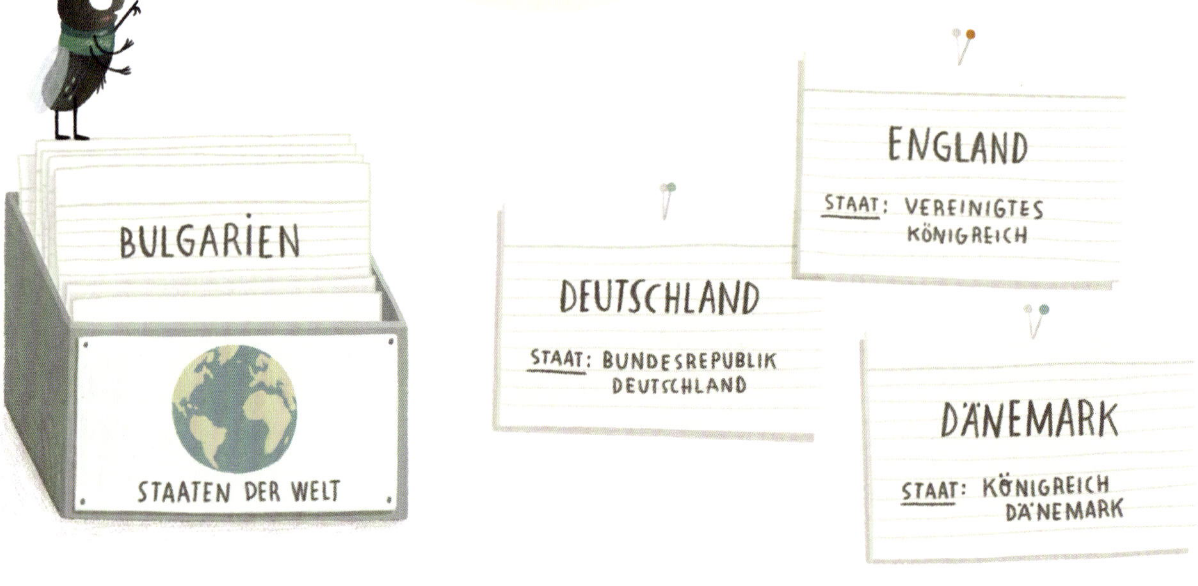

Es gibt auf der Welt 193 Staaten, in denen unterschiedlich politisch gearbeitet wird. Einige Staaten sind so organisiert, dass sie für das Gemeinwohl der Mehrheit arbeiten, und es gibt Staaten, die am Eigennutz eines oder einer Einzelnen oder einiger weniger interessiert sind. Die eine Herrschaftsform heißt Demokratie und die andere Autokratie.

Das Wort **Demokratie** kommt aus dem Altgriechischen und bedeutet Volksherrschaft.

Das Wort **Autokratie** kommt auch aus dem Altgriechischen und bedeutet Selbstherrschaft.

Wie wird wohl in Deutschland politisch gearbeitet: für das Gemeinwohl der Mehrheit oder für den Eigennutz eines Einzelnen oder einiger weniger?

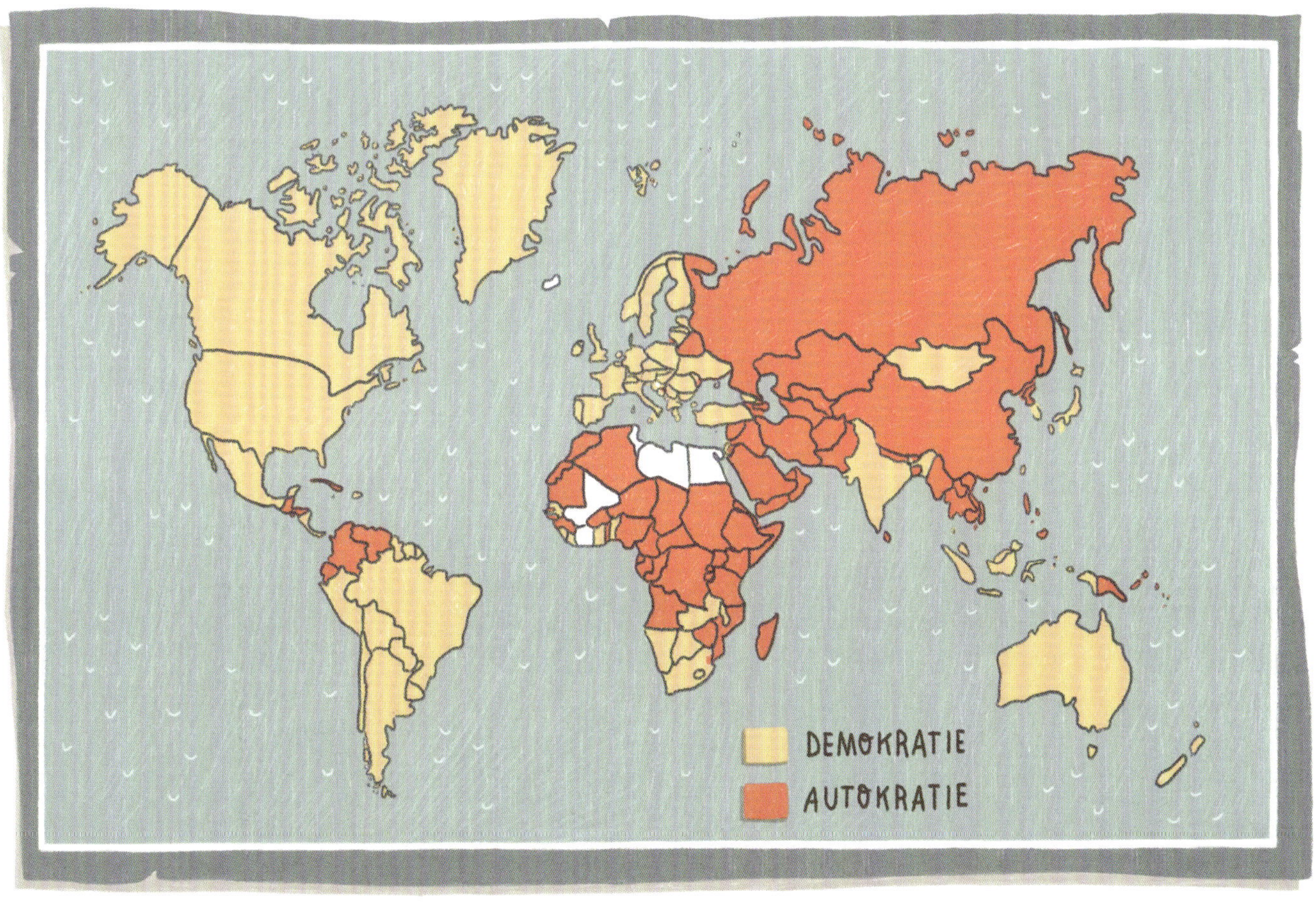

SCHWIERIGE WÖRTER 2:
DEMOKRATIE UND WAHLEN

Die Bundesrepublik Deutschland ist ein Staat, in dem für das Gemeinwohl der Mehrheit gearbeitet wird. Die Regeln, die dafür notwendig sind, entstehen in einem politischen Prozess, der **Demokratie** genannt wird.

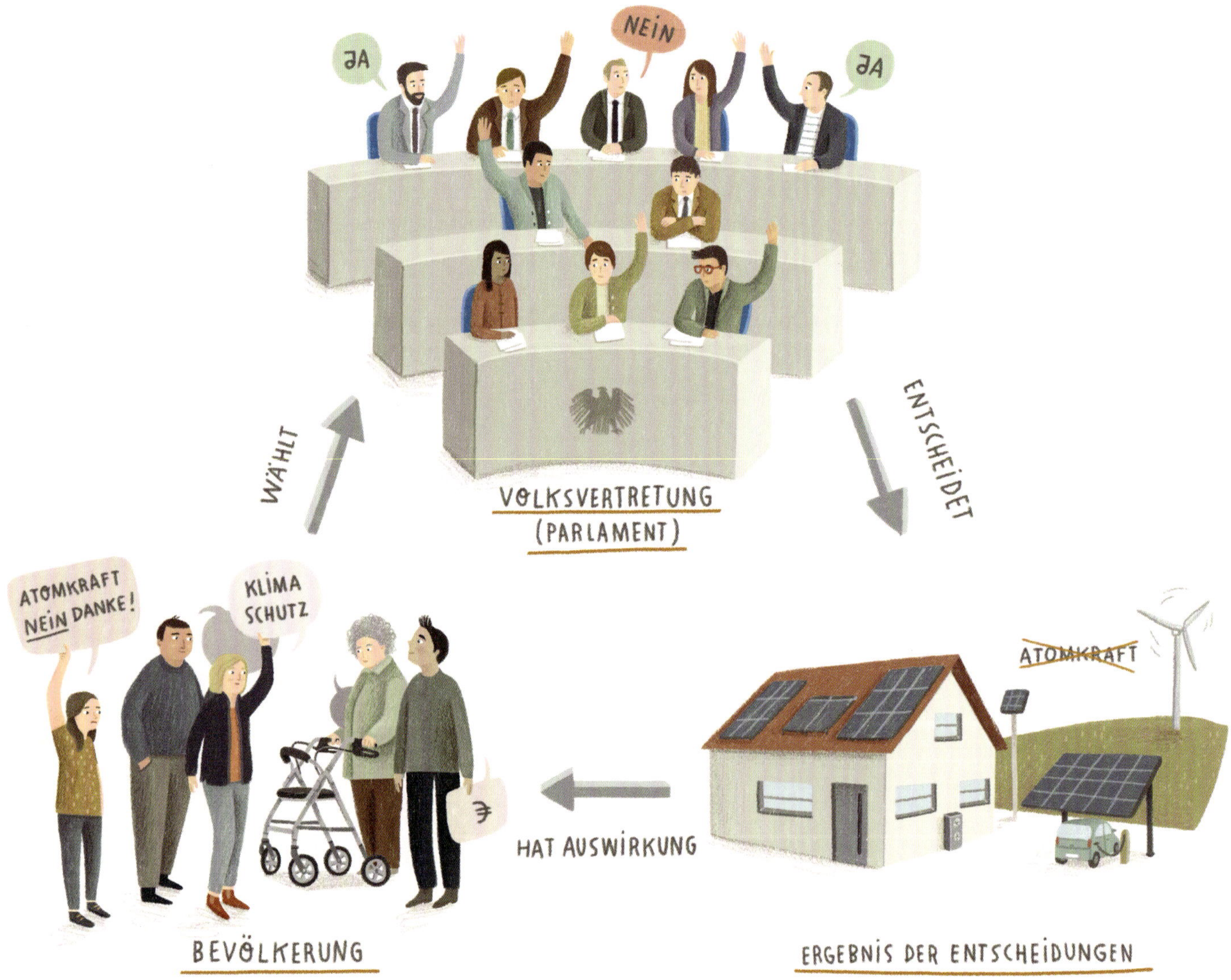

Wenn die Bevölkerung herrschen soll, muss es für jede:n Bürger:in eine Möglichkeit geben, mitzubestimmen. Deshalb gibt es **Wahlen**. Die Wähler:innen bestimmen, wer die Regeln für den Staat machen soll. Sie wählen Vertreter:innen ins Parlament, die dann stellvertretend für die Wähler:innen über Gesetze abstimmen. Das heißt, die Wähler:innen bestimmen indirekt mit, indem sie ihre Stimme einem oder einer Vertreter:in übertragen. Jede:r Bürger:in kann sich zur Wahl ins Parlament stellen.

Wählen ist in Deutschland ein Grundrecht. Wahlen müssen laut Gesetz allgemein, unmittelbar, frei, gleich und geheim sein.

Was heißt das?

Allgemein	Alle Deutschen ab 18 Jahren dürfen wählen, egal wie viel sie verdienen oder woran sie glauben.
Unmittelbar	Die Abgeordneten werden direkt gewählt, so wie ein:e Klassensprecher:in in der Klasse.
Frei	Man darf wählen, wen man will. Es darf kein Druck auf die Wähler:innen ausgeübt werden. Außerdem darf man nicht zum Wählen gezwungen werden, die Wahl ist freiwillig.
Gleich	Jede Stimme zählt gleich viel.
Geheim	Man darf unbeobachtet wählen, damit es keine Einschüchterung der Wähler:innen gibt.

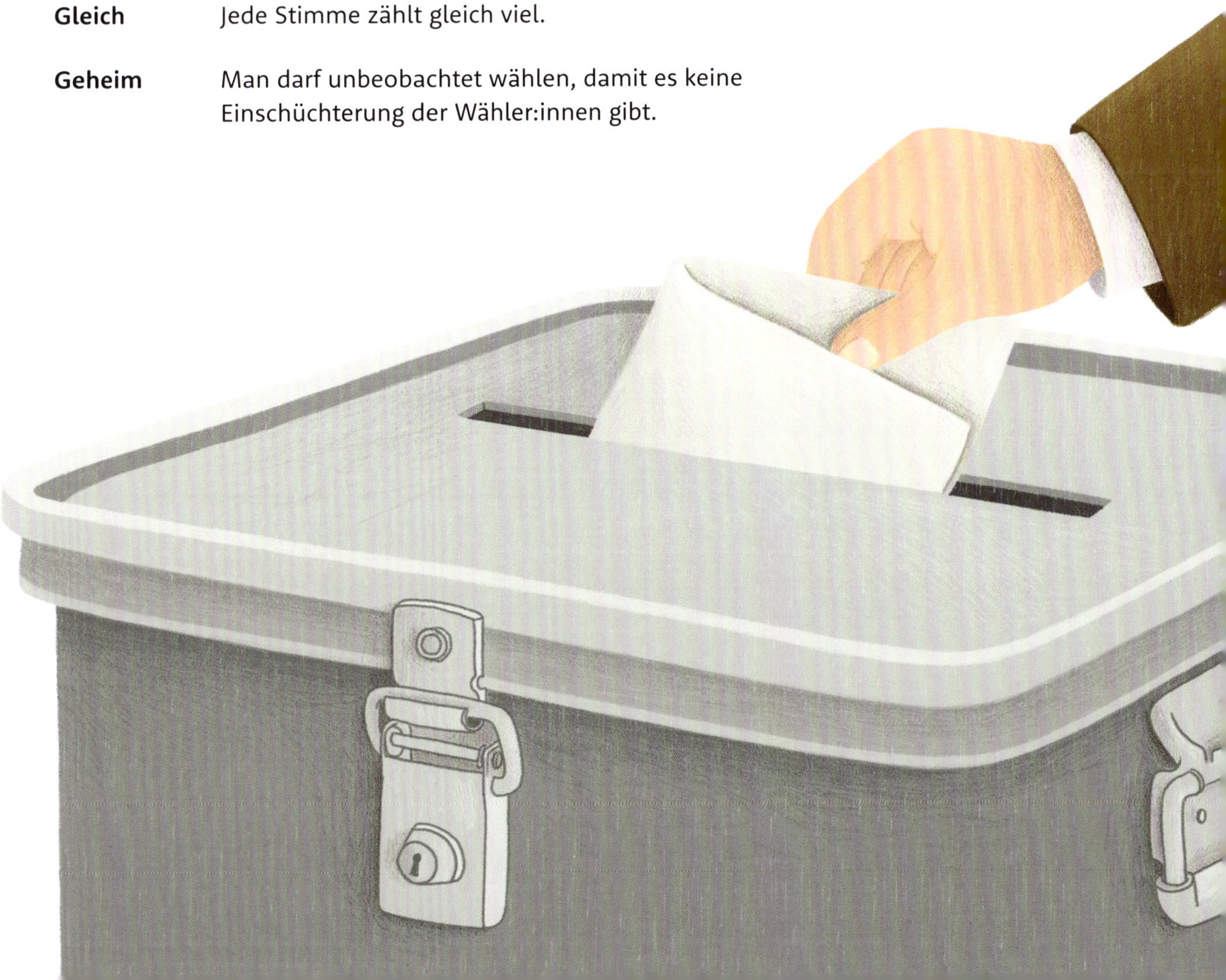

SCHWIERIGE WÖRTER 3:
POLITIKER:INNEN UND PARTEIEN

Menschen, die danach streben, möglichst viel politische Mitsprache zu erringen, nennt man **Politiker:innen**. Politiker:innen mit der gleichen politischen Überzeugung schließen sich meist zu einer Gruppe mit einem bestimmten politischen Programm zusammen. In einer Gruppe kann man nämlich mehr erreichen als allein. Solch eine Gruppe von Menschen nennt man **Partei**.

In Deutschland gibt es ungefähr 50 Parteien – ganz schön viele. Man kennt aber eigentlich nur die mit den meisten Wähler:innen. Wenn eine Partei nicht gewählt wird oder nur sehr wenige Wähler:innen hat, kommen ihre Kandidaten und Kandidatinnen nicht ins Parlament, denn dazu muss sie mindestens 5 % aller Stimmen erhalten. Das nennt man die Fünf-Prozent-Hürde.

Es gibt ungefähr 60 Millionen Wahlberechtigte in Deutschland. 5 % davon wären 3 Millionen Wähler:innen.

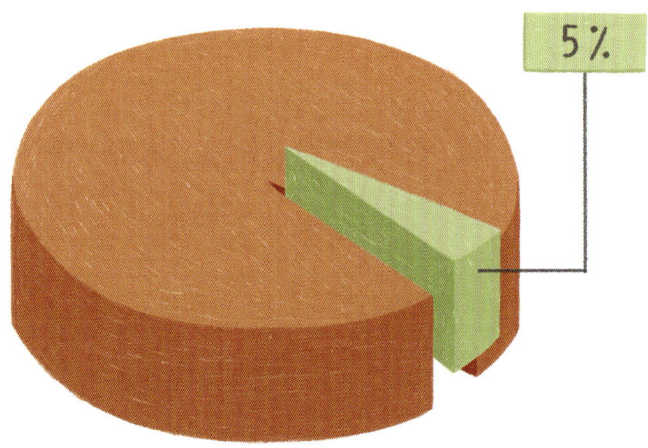

STIMMZETTEL →

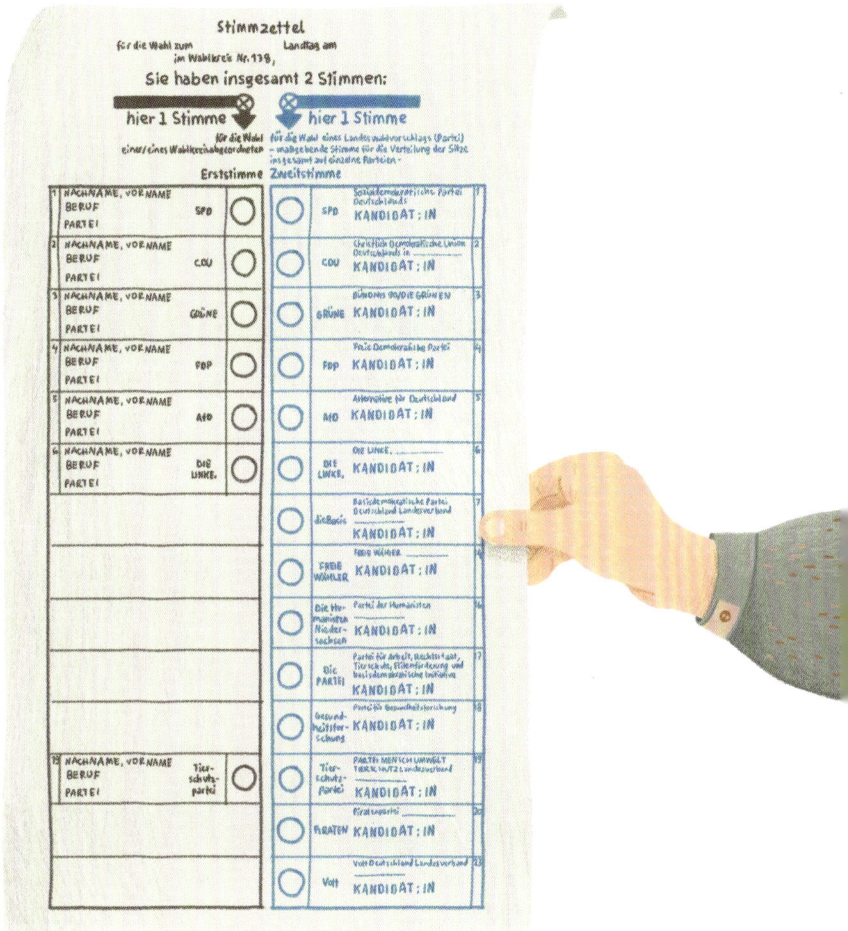

Jede:r Wähler:in hat jedoch zwei Stimmen: eine für eine Partei und eine für den Kandidaten oder die Kandidatin aus der eigenen Gegend. Wer die meisten Stimmen in einer bestimmten Gegend, dem Wahlkreis, bekommt, zieht ins Parlament ein. Das ist unabhängig von der Fünf-Prozent-Hürde der Partei.

Die Politiker:innen der Parteien diskutieren miteinander über politische Entscheidungen und bringen viele verschiedene Meinungen hervor. Sie argumentieren für oder gegen ein Gesetz und tragen dazu bei, dass möglichst viele die Entscheidungen, die im Parlament getroffen werden, richtig finden. Parteien sind für eine Demokratie sehr wichtig, weil sie helfen, sich eine Meinung zu bilden.

SCHWIERIGE WÖRTER 4:

GRUNDGESETZ UND VERFASSUNG

Wichtig für eine Demokratie sind die **Grundrechte**, die für alle Menschen im Staat gelten, zum Beispiel dass alle frei entscheiden können und niemand benachteiligt werden darf.

Um auch in der politischen Arbeit frei zu sein, ist es in einer Demokratie wichtig, dass die Arbeit auf viele verteilt ist und immer kontrolliert werden kann, dass sich alle an die Regeln halten. Oft wird dafür der Begriff **Gewaltenteilung** benutzt. **Gewalt** bedeutet hier aber nichts Negatives wie Prügel oder Zwang, sondern es kommt von dem altmodischen Wort „walten". Das heißt so viel wie „wirken".

Vielleicht kennst du den Ausdruck „**schalten und walten**"?

Hast du schon mal von einer „gewaltigen Leistung" oder von einer „gewaltigen Wirkung" gehört? In dem Wort „gewaltig" steckt das Wort „walten". Hier hat es eine positive Bedeutung.

Auch in dem Wort „Verwaltung" steckt das Wort „walten". Hier wird es neutral benutzt, als Ausdruck dafür, dass etwas Bestimmtes bearbeitet wird.

Gewaltenteilung bedeutet also so etwas wie Arbeitsteilung. In Deutschland gibt es drei **Gewalten**:

1. Es gibt eine **Gewalt**, die die Regeln macht. Die Regeln werden auch Gesetze genannt. Diese Gewalt ist das Parlament.
2. Es gibt eine **Gewalt**, die darauf aufpasst, dass die Gesetze umgesetzt oder vollzogen werden. Diese Gewalt ist die Regierung, die Verwaltung und die Polizei.
3. Es gibt eine **Gewalt**, die Gesetzesbrüche bestraft. Diese Gewalt sind die Gerichte.

Ein **Gesetz** legt Regeln fest. Diese Regeln werden von allen drei Gewalten als rechtlich bindende Vorschriften behandelt. Ein Gesetz schafft ein Recht, Abweichungen vom Gesetz sind Unrecht. Es gibt in Deutschland viele Gesetze, aber das wichtigste ist das **Grundgesetz**. Es trat im Jahr 1949 in Kraft, ist also noch gar nicht so alt.

Im Grundgesetz sind die Grundrechte aller Menschen verankert. Die bekanntesten Sätze sind:

„Die Würde des Menschen ist unantastbar. Sie zu achten und zu schützen ist Verpflichtung aller staatlichen Gewalt."

Die Grundrechte sind geltendes Recht für die Staatsgewalten: Sie müssen die Menschenwürde achten. Wenn sie das nicht tun, können sie verklagt werden. Das Grundgesetz legt auch die Demokratie als Staatsform fest. In Artikel 20 hört sich das so an:

„Alle Staatsgewalt geht vom Volke aus. Sie wird vom Volke in Wahlen und Abstimmungen und durch besondere Organe der Gesetzgebung, der vollziehenden Gewalt und der Rechtsprechung ausgeübt."

Das klingt kompliziert, bedeutet aber einfach, dass das Volk mithilfe von Wahlen herrscht. Außerdem wird die Gewaltenteilung festgelegt:

Mit dem „Organ der Gesetzgebung" ist das Parlament gemeint, mit der „vollziehenden Gewalt" ist die Regierung gemeint und mit der „Rechtsprechung" sind die Gerichte gemeint.

Alle Staaten haben so ein Regelwerk, die sogenannte **Verfassung**. Die Verfassung regelt den Staatsaufbau, die Grundrechte und Pflichten der Einwohner und die Begrenzung der Staatsgewalten.

Fast alle Länder der Welt geben vor, demokratisch zu sein, und selbst autokratisch regierte Staaten berufen sich auf die Demokratie. Es reicht aber nicht, ein Parlament zu haben oder Wahlen. Eine Demokratie sichert auch die Menschenrechte und die individuelle Freiheit aller Einwohner:innen.

← JUSTITIA

Die judikative Gewalt wird oft als römische Göttin Justitia dargestellt. Sie hat verbundene Augen und hält eine Waage. Die Waage steht für ausgleichende Gerechtigkeit und die Augenbinde für die Gleichheit aller vor dem Gesetz. Das Schwert steht dafür, dass das Recht mit der nötigen Härte durchgesetzt wird. Von dem Namen Justitia kommt das Wort Justiz, was das Gleiche bedeutet wie judikative Gewalt.

TAGESBLATT

DIE NEUSTEN NEUIGKEITEN

SCHWIERIGE WÖRTER 5: PRESSE UND NGOS

Eine weitere wichtige Rolle bei der Meinungsbildung spielt die **Presse**. Mit der Presse meint man Medien, die Nachrichten verbreiten, wie Zeitungen, Zeitschriften, Radio, Fernsehen und Internet. Auf diesem Weg erfahren die Bürger:innen, was in der Politik gerade los ist.

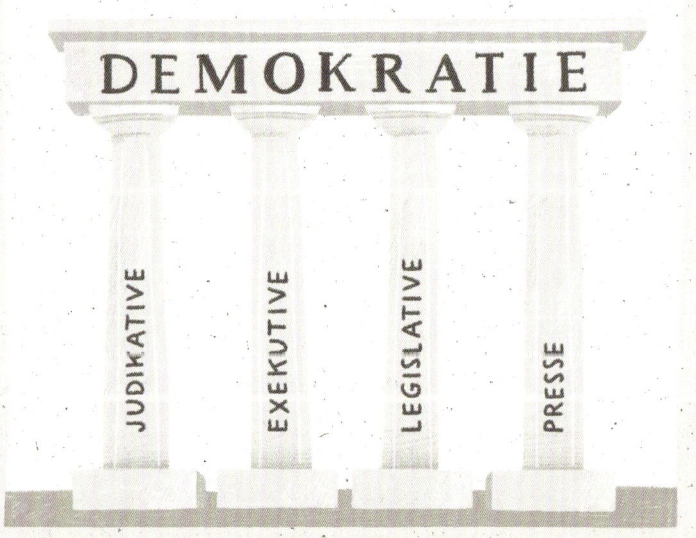

Die Journalist:innen sagen nicht nur, was gerade geschieht, sondern auch, ob sie einen Vorschlag der Regierung zum Beispiel gut oder schlecht finden. Sie haben einen großen Einfluss darauf, welche Informationen die Bürger:innen bekommen und welche Meinungen sich die Bürger:innen daraufhin bilden. Deshalb nennt man die Presse auch die „vierte Gewalt" in einer Demokratie.

Neben der Presse sind die sozialen Medien ein wichtiger Faktor bei der politischen Meinungsbildung geworden. Das ist problematisch, weil dort oft „fake news“ verbreitet werden, die wie Nachrichten aussehen, aber mit der Wirklichkeit nichts zu tun haben.

Wenn viele Menschen dieser Falschinformation glauben, verschwimmt die Grenze zwischen Fakt und Wunschdenken. Das kann zu einer ernsten Bedrohung für die Demokratie werden, denn so könnten es Demokratiefeinde schaffen, gewählt zu werden.

Auch eine wichtige Rolle bei der politischen Willensbildung spielen die **Nicht-Regierungs-Organisationen**. Meistens werden sie NGOs (EnDschiOs gesprochen) genannt. Das ist die Abkürzung der englischen Übersetzung **N**on **G**overnmental **O**rganization. Auf Deutsch wäre die Abkürzung NRO, also Nicht-Regierungs-Organisation. Das sagt aber eigentlich keiner. NGOs sind Zusammenschlüsse von Menschen, die etwas in der Gesellschaft oder der Politik verändern wollen. Das ist ihr gemeinsames Interesse. Sie arbeiten ohne staatliche Förderung und sind keine staatlichen, sondern private Organisationen. Die Bekanntesten NGOs sind Greenpeace und WWF für den Umweltschutz und Amnesty International für die Menschenrechte.

GREENPEACE NABU BERGWALD PROJEKT AMNESTY INTERNATIONAL föp WWF Rettet den Regenwald e.V. PETA WOHLLEBENS WALDAKADEMIE ROBIN WOOD

Zusammenschlüsse wie „Fridays for Future“ gelten nicht als Organisation oder NGO, sondern als soziale Bewegung. Sie sind nicht streng organisiert und treten vor allem mit Demonstrationen in Erscheinung.

DAS REICHSTAGSGEBÄUDE ERLEBTE DREI STAATSFORMEN

Anhand der deutschen Geschichte und der Geschichte des Reichstagsgebäudes kann man verschiedene Staatsformen beobachten.

Das Deutsche Reich hatte drei Phasen, die sehr unterschiedlich waren:

1871–1918 Monarchie des Deutschen Kaiserreichs

1918–1933 Demokratie der Weimarer Republik

1933–1945 Diktatur des NS-Staates

In allen drei Staatsformen gab es ein Parlament, aber nur eine war eine Demokratie. Ein Parlament allein reicht also nicht, damit ein Land eine Demokratie ist.

1871–1918

Der Begriff **Monarchie** bezeichnet eine Staatsform, bei der es eine:n Alleinherrscher:in gibt. Im Deutschen Reich war das der Kaiser. Er war das Staatsoberhaupt und wurde nicht gewählt, sondern er hatte sein Amt von seinem Vater geerbt. Er war zwar der Alleinherrscher, aber an die Gesetze, die das Parlament beschlossen hatte, musste auch er sich halten. Der letzte Kaiser des Deutschen Reiches hieß Wilhelm der Zweite. Meistens wird er so geschrieben: Wilhelm II.

1918–1933

Die erste Demokratie in Deutschland wurde in der Stadt Weimar gegründet, weil es in Berlin zu unruhig war für eine Versammlung. Der Erste Weltkrieg war zu Ende gegangen, und es gab eine Revolution, um den Kaiser abzusetzen. Auf den Straßen war Tumult. Die Versammlung in Weimar beschloss, dass das Deutsche Reich eine Republik sein soll – die **Weimarer Republik**. In einer Republik hat das Staatsvolk die höchste Gewalt und kein Alleinherrscher.

1933–1945

Diktatur bedeutet, dass eine Person oder eine kleine Gruppe von Menschen allein herrscht. In einer Diktatur ist die Herrschaft der Person oder Gruppe nicht begrenzt. Es gibt keine Gewaltenteilung und keine freien Wahlen. Die Bevölkerung wird mit Zwang und körperlicher Gewalt daran gehindert, Grundrechte wie Freiheit und Gleichheit einzufordern. Der Diktator des Deutschen Reiches hieß Adolf Hitler, seine Politik hieß „Nationalsozialismus" (NS). Seinen NS-Staat nannte er „Drittes Reich".

Adolf Hitler löste den Zweiten Weltkrieg aus. Nach Kriegsende war der NS-Staat zusammengebrochen, und Deutschland wurde von den Siegerstaaten besetzt.

DIE STAATSFORMEN NACH DEM ZWEITEN WELTKRIEG AB 1949

1945–1949 **Besatzungszeit**

Deutschland wird von den Siegermächten in vier Besatzungszonen aufgeteilt:

Deutschland ist kein Staat mehr. Auch die ehemalige Reichshauptstadt Berlin wird in vier Sektoren aufgeteilt.

Die Besatzungsmächte helfen Deutschland dabei, das Militär abzuschaffen, Nazis vor Gericht zu stellen und demokratische Strukturen zu schaffen.

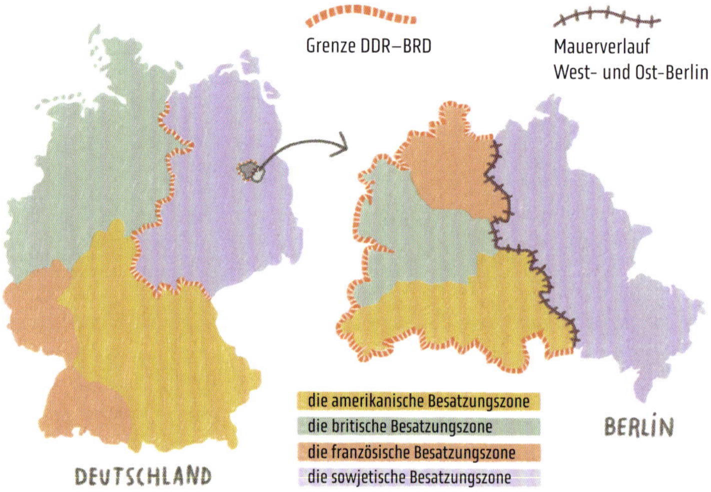

1949 **Deutsche Teilung**

Es kommt zur Gründung zweier deutscher Staaten.

Aus der sowjetisch besetzten Zone wird die Deutsche Demokratische Republik (DDR) mit der Hauptstadt Ostberlin, dem ehemaligen sowjetischen Sektor. Die Sozialistische Einheitspartei Deutschlands (SED) errichtet dort ein diktatorisches System.

Aus den westlich besetzten Zonen wird die Bundesrepublik Deutschland (BRD) mit der Hauptstadt Bonn. Sie gründet sich als freiheitlich-demokratischer und sozialer Rechtsstaat.

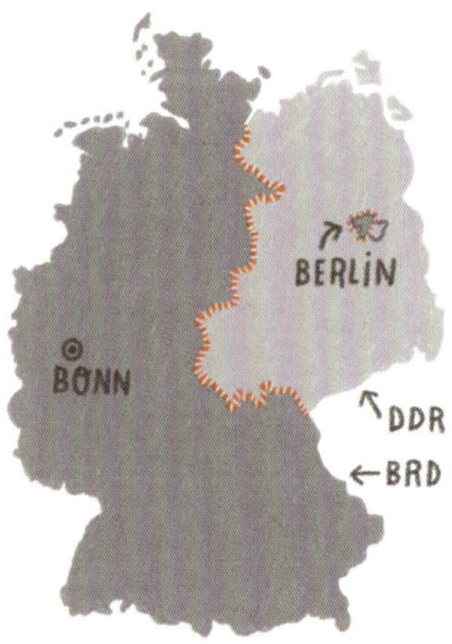

1947–1989 **Kalter Krieg**

Zwischen den Westmächten und dem Ostblock kommt es zunehmend zu politischen Konflikten. Schließlich stehen sich beide Seiten feindlich gegenüber.

1952

Die Deutsche Demokratische Republik errichtet eine Sperrzone Richtung Bundesrepublik Deutschland, um die Flucht von Ost nach West zu verhindern. Diese innerdeutsche Grenze war unüberwindbar. Sie wurde auch „Todesstreifen" genannt.

Dieser ostdeutsche Grenzsoldat flieht lieber in den Westen, als auf seine Mitbürger:innen zu schießen.

1961

Die Deutsche Demokratische Republik baut eine Mauer um Westberlin, um die Flucht in den Westen zu verhindern. Die ostdeutschen Grenzsoldaten erhalten einen Schießbefehl, falls es doch jemand versucht.

HERBST 1989 – HERBST 1990 Die Wende

In der Deutschen Demokratischen Republik demonstrieren sehr viele Menschen gegen das staatssozialistische System. Der gesellschaftliche Druck ist so groß, dass innerhalb weniger Monate die SED abgesetzt und ein parlamentarisches Regierungssystem eingeführt wird.

Wegen dieser großen Veränderung nennt man diese Zeit auch „Friedliche Revolution“.

9. NOVEMBER 1989 Mauerfall

Die Massendemonstrationen für mehr Freiheit führen zur Öffnung der Mauer. Am 9. November 1989 können Menschen erstmals unkontrolliert die Grenze nach Westberlin überqueren. Große Menschenmengen schieben sich durch die Übergänge und feiern.

3. OKTOBER 1990 Wiedervereinigung

Die Deutsche Demokratische Republik tritt der Bundesrepublik Deutschland bei. Nach 40 Jahren deutscher Teilung ist die Einheit hergestellt. Der 3. Oktober wird zum Nationalfeiertag „Der Tag der deutschen Einheit“.

DAS REICHSTAGSGEBÄUDE IM LAUFE DER ZEIT 1: KAISERREICH

In jeder Phase Deutschlands hat das Reichstagsgebäude eine andere Rolle gespielt.

1871–1918

Im Kaiserreich (1871–1918) wurde das Gebäude vom Reichstag als würdiger Sitz des Parlaments geplant und gebaut. Es dauerte zehn Jahre (1871–1881), bis man sich auf ein Grundstück geeinigt hatte. Die Bauzeit betrug ebenfalls zehn Jahre (1884–1894).

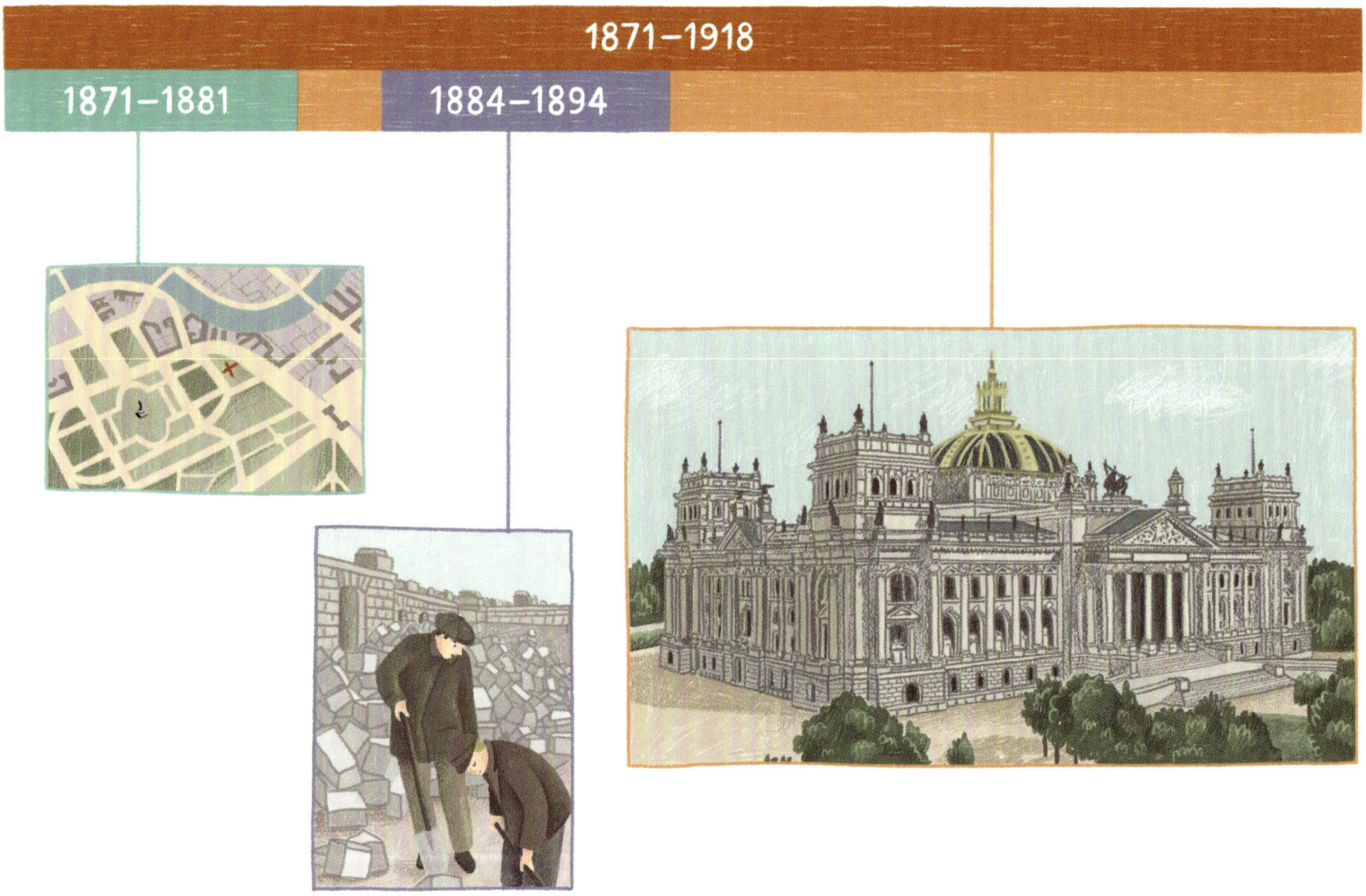

Wer hat das Gebäude bezahlt?

Die etwas merkwürdige Antwort ist: Frankreich. Von 1870 bis 1871 hatte es einen Krieg zwischen Deutschland und Frankreich gegeben, den Frankreich verlor. Deshalb musste Frankreich zur Wiedergutmachung viel Geld an Deutschland bezahlen. Dieses Geld wurde für den Bau des Reichstagsgebäudes benutzt.

Es gibt eine Inschrift über dem Eingang des Reichstagsgebäudes: „Dem deutschen Volke".

Der Architekt des Gebäudes, Paul Wallot, hatte sich diesen Spruch ausgedacht. Das Parlament und die Presse fanden den Spruch allerdings unpassend, weil das deutsche Volk ja der Besitzer des Gebäudes war. Niemand hatte das Gebäude dem Reichstag geschenkt, sondern die Reichstagsversammlung hatte es selbst in Auftrag gegeben. Der Kaiser fand den Spruch aus einem anderen Grund unpassend: je mehr das Volk als Staatsgewalt gewürdigt wurde, desto kleiner drohte sein eigener Einfluss zu werden. Der Giebel am Eingang des Reichstagsgebäudes blieb also zunächst über 20 Jahre lang leer.

Im Ersten Weltkrieg (1915) hatten einige Politiker die Sorge, dass der Kaiser den Rückhalt in der Bevölkerung verlor, und schlugen deshalb vor, nun die Inschrift anzubringen. Sie hofften, damit die Treue zum Kaiser zu festigen. Zwei in Frankreich erbeutete Kanonen wurden eingeschmolzen, und die 60 Zentimeter hohen Buchstaben wurden daraus hergestellt. Sie wurden im Dezember 1916 über dem Eingang angebracht, aber niemand interessierte sich dafür. Angesichts des Weltkrieges war die Inschrift belanglos geworden.

DAS REICHSTAGSGEBÄUDE IM LAUFE DER ZEIT 2: WEIMARER REPUBLIK UND NS-DIKTATUR

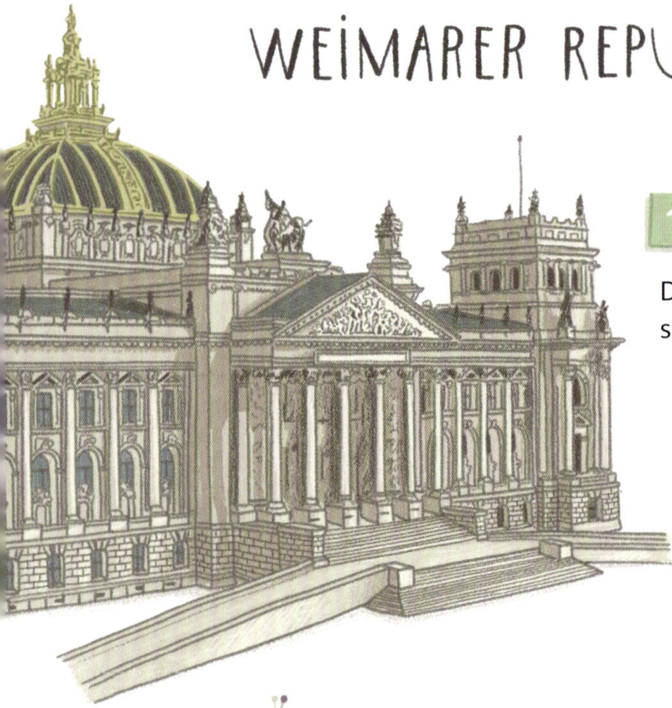

1918–1933 **Demokratie der Weimarer Republik**

Der Reichstag tagt im Reichstagsgebäude, so wie es gedacht war.

1933–1945 **Diktatur des NS-Staates**

27. Februar 1933: Das Reichstagsgebäude brennt aus. Der Brand beruhte auf Brandstiftung. Am Tatort wurde ein Mann festgenommen, der sich als Einzeltäter darstellte. Schon damals gab es viele, die das nicht glaubten und eine Tatbeteiligung der Nationalsozialisten vermuteten. Für die Nationalsozialisten war der Reichstagsbrand nämlich ein großer Vorteil, um ihre Herrschaft auszuweiten.

Angeblich um Staat und Volk zu schützen, setzten sie die Grundrechte der Weimarer Republik außer Kraft.

Das von dem Brand stark beschädigte Gebäude diente im Zweiten Weltkrieg (1939–1945) als Luftschutzbunker. Dafür wurden die Fenster vermauert. Es wurde dort auch ein Krankenhaus eingerichtet. Etwa 60–100 Kinder wurden im Reichstagsgebäude geboren.

Zu diesem Zeitpunkt war kein Fotograf anwesend, deshalb musste die Szene nachgestellt werden.

Für die russische Armee war das Reichstagsgebäude ein Sinnbild und ein Erkennungszeichen des Nationalsozialismus. Deshalb wollte sie es unbedingt erobern. Das gelang am 1. Mai 1945. Es gibt ein berühmtes Foto, auf dem ein russischer Soldat auf dem Dach des Reichstagsgebäudes die russische Fahne schwenkt und damit zeigt, dass der Zweite Weltkrieg zu Ende ist und Hitler-Deutschland besiegt wurde.

Was schreibt der Soldat?

Auf den Wänden im Reichstagsgebäude kann man noch viele Graffiti von russischen Soldaten sehen. Nach der Eroberung des Reichstagsgebäudes 1945 haben sie dort meist mit Kohle zum Beispiel ihre Namen, das Datum und was ihnen sonst noch wichtig war, auf die Wände geschrieben.

DAS REICHSTAGSGEBÄUDE IM LAUFE DER ZEIT 3:
BESATZUNGSZEIT BIS HEUTE

1945–1949 **Besatzungszeit**

Das Reichstagsgebäude steht als Teilruine in einer von Trümmern geprägten Landschaft. Das Holz der Inneneinrichtung wird von den Menschen zum Bauen und Heizen benutzt. Der Wald des Tiergartens, wo das Reichstagsgebäude steht, ist ebenfalls als Feuerholz verschwunden. Die hungernde Bevölkerung nutzt die Freifläche zum Anbau von Kartoffeln und Gemüse.

1949 **Gründung von zwei deutschen Staaten: Bundesrepublik Deutschland (BRD) und Deutsche Demokratische Republik (DDR)**

Während der Teilung Deutschlands war auch Berlin eine geteilte Stadt. Mitten durch die Häuser wurde von der DDR eine Mauer gebaut, damit niemand in die BRD ausreisen konnte. Das Reichstagsgebäude lag direkt an der Mauer auf der Seite der Bundesrepublik. Die Hauptstadt der Bundesrepublik war nach Bonn verlegt worden, wo auch das Parlament tagte. Die DDR hatte ihr Parlament im Ostteil Berlins.

Das Reichstagsgebäude hatte also keine Funktion mehr als Parlamentssitz. Es wurde zu einem Museum umgebaut. Die Ausstellung „Fragen an die deutsche Geschichte“ wurde von mehreren Millionen Interessierten besucht.

Auf der Wiese vor dem Reichstagsgebäude wurde Fußball gespielt, auf den großen Steintreppen konnte man sitzen. Einmal hat sogar Michael Jackson ein Konzert vor dem Reichstagsgebäude gespielt (19.06.1988).

1949–1990 Geteiltes Deutschland

3. Oktober 1990: Tag der Deutschen Einheit.
Beitritt der DDR zur Bundesrepublik Deutschland.

4. Oktober 1990: Die erste Sitzung des Deutschen Bundestags im wiedervereinigten Deutschland findet im Reichstagsgebäude statt.

Deutschland wurde nach rund 45 Jahren wiedervereinigt.

1995 Verhüllter Reichstag

Um das Reichstagsgebäude wieder als Parlament benutzen zu können, musste es grundlegend renoviert werden. Dafür wählte man den bekannten Architekten Norman Foster aus. Der Umbau dauerte bis 1999.

Kurz vor dem Beginn der Bauarbeiten wurde das Reichstagsgebäude von den Künstler:innen Christo und Jeanne-Claude verhüllt. Zwei Wochen lang war das Gebäude eingepackt, und in dieser Zeit kamen fünf Millionen Besucher:innen. Weltweit wurde über die Aktion berichtet, und das Reichstagsgebäude wurde berühmt.

1999 Deutscher Bundestag im Reichstagsgebäude

Auch die begehbare Glaskuppel des Reichstagsgebäudes ist eine Attraktion für Besucher:innen geworden und hat sich zu einem Wahrzeichen Berlins entwickelt.

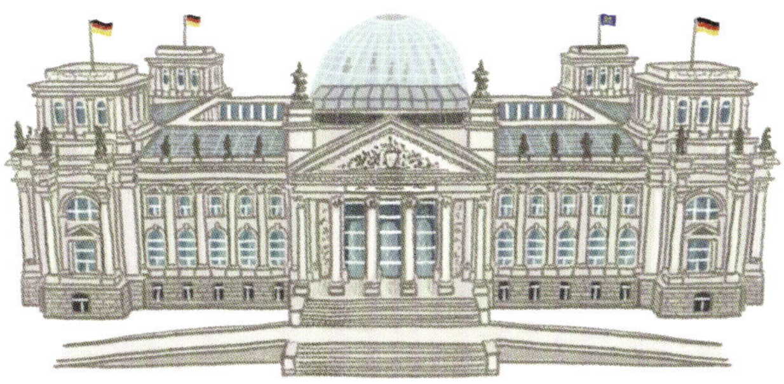

Die öffentlich zugängliche, durchsichtige Kuppel soll ein Zeichen für **Transparenz** sein. So transparent wie die Kuppel, durch die man in den Bundestagssaal hinuntersehen kann, so transparent sollen die politischen Abläufe für die Bürger:innen sein. Auf der Internetseite der Bundesregierung gibt es deshalb laufend Informationen über Sachverhalte, Vorhaben und Entscheidungsprozesse.

Wegen einer Terrordrohung im Jahr 2011 wurde das Gelände um das Reichstagsgebäude abgesperrt. Seitdem muss man sich anmelden, wenn man auf die Kuppel möchte. Außerdem gibt es eine Sicherheitskontrolle in aufgestellten Containern. 2022 wurde das Gebäude sogar von Demokratiefeinden gestürmt. Deshalb wird bald ein neuer Besucherzugang gebaut, der solche Angriffe verhindern soll, und es soll ein „Aha"-Graben gebaut werden. Der heißt so, weil man ihn erst entdeckt, wenn man direkt davorsteht und erstaunt ausruft: „Aha."

IM BUNDESTAGSSAAL

Wenn sich alle Abgeordneten im Bundestag treffen, ist das eine Vollversammlung. Das lateinische Wort für Vollversammlung ist **Plenum**. Das lateinische Wort Plenum wird öfter benutzt als das Wort Vollversammlung, obwohl es das Gleiche bedeutet.

Vielleicht weil es kürzer ist?

Oder weil es sich besser anhört?

Da es viele Abgeordnete gibt (etwa 700), braucht man einen großen Raum, damit sich alle treffen können. Eigentlich eher einen Saal. Der Saal für die Vollversammlung im Bundestagsgebäude heißt **Plenarsaal** – der Saal für das Plenum.

Alles, was in der Vollversammlung, dem Plenum, gesagt wird, ist öffentlich. Das heißt, alle dürfen zuhören. Das geht entweder direkt auf der Tribüne über dem Plenarsaal oder online im Livestream des Bundestages.

Die Farbe der Stühle im Plenarsaal heißt übrigens „Reichstags-Blau“. Diese Farbe wurde extra für den Bundestag erfunden und darf nur für die Stühle dort benutzt werden, nirgendwo sonst.

Die Abgeordneten im Bundestag tun sich zu Gruppen zusammen, um ihre politischen Interessen und Ziele zu erreichen. Meistens tun sich die Abgeordneten aus den gleichen Parteien zusammen. Eine solche Gruppierung im Bundestag nennt man **Fraktion**. Die Bestuhlung des Plenarsaals bildet die Fraktionen ab und lässt Lücken zwischen den Gruppen.

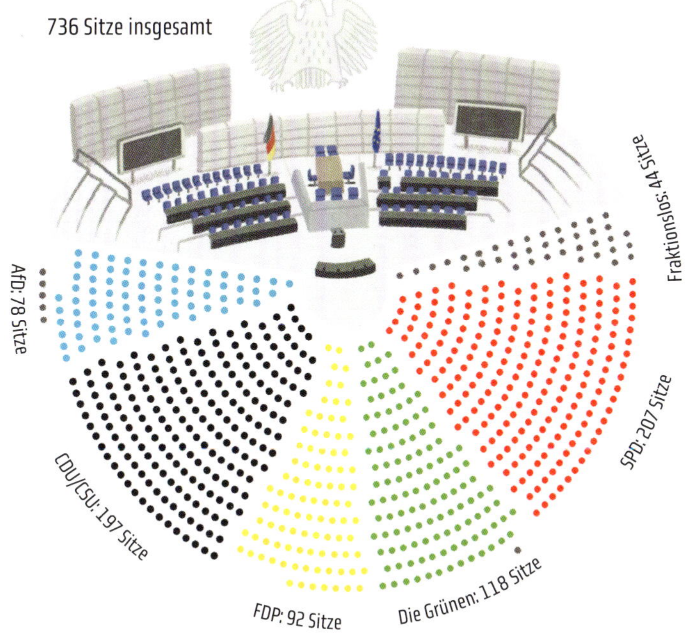

Die Stühle sind auf Säulen angebracht und drehbar. Weil sich nach jeder Wahl die Fraktionsgrößen verändern, können die Stühle auf Schienen verschoben und neu angeordnet werden.

Der neue Plenarsaal steht unter Denkmalschutz. Deshalb dürfen die Stühle und ihre Farbe nicht verändert werden.

SYMBOLE DER BUNDESREPUBLIK DEUTSCHLAND

VORDERSEITE
VON LUDWIG GIES

RÜCKSEITE
VON NORMAN FOSTER

DER ADLER

Der Adler ist das Wappentier Deutschlands. Er wird als Staatssymbol benutzt. Man sieht ihn auf den Dienstflaggen der Bundesbehörden, auf den Schildern der deutschen Botschaften im Ausland, auf Münzen und im Logo der Bundesregierung.

Außerdem hängt er im Plenarsaal des Deutschen Bundestages. Auch im Plenarsaal in Bonn hing ein Bundesadler. Der Architekt Norman Foster wollte für den neuen Plenarsaal in Berlin den Adler gerne umgestalten. Der alte Adler, der im Bonner Plenarsaal hing, war etwas zu üppig geraten und hatte den Spitznamen „fette Henne" erhalten.

Der Architekt der „fetten Henne" hatte aber das Recht, dass sein Entwurf erhalten blieb. Er bestand darauf, dass sein Modell wieder aufgehängt wurde. Und so geschah es. Der Bonner Bundesadler hängt wieder im Berliner Plenarsaal.

Allerdings ist der Adler im Reichstagsgebäude auch von hinten zu sehen. Dort, auf die Rückseite, wurde der schlankere Entwurf von Norman Foster gehängt.

DIE KUPPEL

Auf dem Gebäude des Bundestages befindet sich eine Kuppel aus Glas, in der man bis nach ganz oben gehen kann. Von dort hat man eine tolle Aussicht auf Berlin. Man kann aber auch von oben in den Plenarsaal schauen.

In der Mitte der Kuppel befindet sich ein Kegel aus Spiegeln. Diese Spiegel lenken das Tageslicht von außen in den Plenarsaal um, sodass viel Strom gespart wird. Außerdem funktioniert der Kegel wie ein umgekehrter Trichter, in dem die verbrauchte Warmluft aus dem Plenarsaal nach oben geleitet wird. Sie entweicht über eine kreisrunde Öffnung in der Kuppelmitte.

Wenn die Flaggen auf Halbmast gehisst sind, ist das die Trauerbeflaggung. Das heißt, es wird an eine:n verstorbene:n Politiker:in erinnert oder an die Opfer eines Terroranschlags oder einer Katastrophe.

DIE BEFLAGGUNG

Jeder der vier Türme des Reichstagsgebäudes ist ständig beflaggt. Auf drei Türmen weht die Bundesflagge, auf einem Turm die Europaflagge. Nachts werden die Flaggen angestrahlt. Vor den Eingängen an der Ostseite und der Westseite des Reichstagsgebäudes stehen drei Fahnenmasten. Dort wehen ebenso die Bundes- und die Europaflagge. Beim Besuch eines ausländischen Gastes wird die Flagge ihres oder seines Landes am dritten Mast gehisst.

Seit 2022 wird zu bestimmten Anlässen die Regenbogenflagge auf einem der Türme und an den beiden Eingängen des Reichstagsgebäudes gehisst. Das soll ein Zeichen der Solidarität mit Menschen sein, die wegen ihrer sexuellen Identität diskriminiert werden.

Am Westeingang des Reichstagsgebäudes steht auch noch die größte offizielle Flagge der Bundesrepublik Deutschland. Es ist die Flagge der Einheit, die als Denkmal eingestuft ist. Am Fuß des Mastes steht „Deutsche Einheit 3. Oktober 1990“.

Die Glaskuppel ist kein echter Innenraum, eher ein Zelt, durch das Luft strömt. Die Glasscheiben berühren den Boden des Daches nicht, und oben gibt es eine Öffnung in der Kuppel. Regenwasser fällt aber nicht in die Kuppel, sondern wird im Kegel aufgefangen.

Der Kegel enthält auch die gesamte Technik für den Plenarsaal. Auf dem Dach unterhalb der Kuppel ist eine große Fotovoltaikanlage installiert, die Strom liefert. Alles ist so umweltverträglich entwickelt, dass mehr als 80 Prozent des Stroms für das Reichstagsgebäude als Ökostrom produziert werden.

DIE ORDNUNG DER DEUTSCHEN DEMOKRATIE 1: GEWALTENTEILUNG

Deutschlands Demokratie besteht aus drei Gewalten:

DAS PARLAMENT

→ LEGISLATIVE GEWALT ←

Es besteht aus gewählten Abgeordneten und beschließt die Gesetze für Deutschland. Man spricht auch von der legislativen Gewalt.

Legislativ kommt aus dem Lateinischen und bedeutet gesetzgebend.

DIE RICHTERLICHE GEWALT

→ JUDIKATIVE GEWALT ←

Unabhängige Richter:innen entscheiden, was bei einem Streitfall rechtens ist. Sie sind an die Gesetze gebunden, und ihr Arbeitsort heißt Gericht. Man spricht auch von der judikativen Gewalt.

Judikativ kommt aus dem Lateinischen und bedeutet Recht sprechend.

Das höchste deutsche Gericht heißt Bundesverfassungsgericht. Seine wichtigste Aufgabe ist der Schutz der Verfassung, also des Grundgesetzes. Es prüft, ob die politischen Entscheidungen im Einklang mit dem Grundgesetz stehen, besonders mit der individuellen Freiheit der Bürger:innen. Es kann Entscheidungen anderer Gerichte aufheben: Das Bundesverfassungsgericht hat immer das letzte Wort.

VOLLZIEHENDE GEWALT, VERWALTUNG UND REGIERUNG

→ EXEKUTIVE GEWALT ←

Die Regierung besteht aus einem oder einer Regierungschef:in und mehreren Ministerien. Ein Ministerium ist die höchste Stelle der öffentlichen Verwaltung und kümmert sich um ein Themengebiet, das für das Funktionieren des Staates wichtig ist. In Deutschland gibt es momentan 16 Bundesministerien:

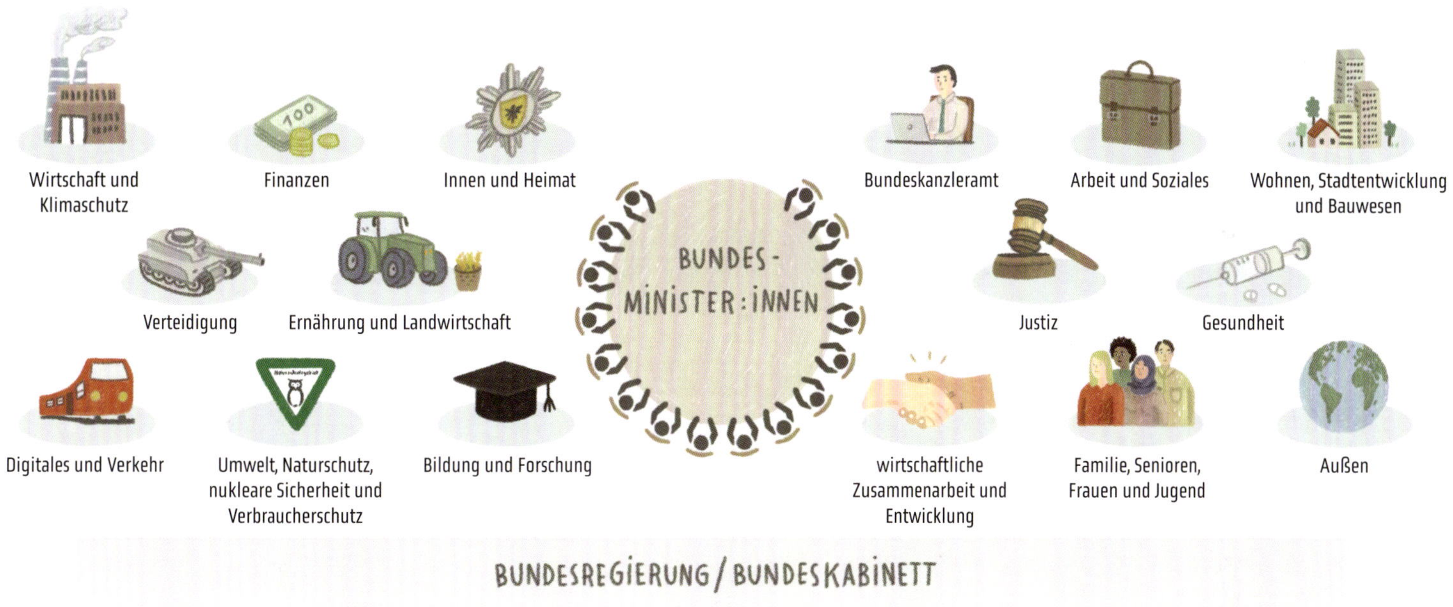

Die oder der Chef:in der Regierung heißt Bundeskanzler:in.

Die oder der Chef:in eines Ministeriums heißt Bundesminister:in.

Die Bundesminister:innen und der oder die Bundeskanzler:in arbeiten als Team zusammen und leiten, lenken und beaufsichtigen die Politik. Als Gruppe heißen sie **Bundeskabinett**. Die Begriffe Bundesregierung und Bundeskabinett bedeuten das Gleiche.

Die Bundesregierung soll in erster Linie dafür sorgen, dass die Gesetze ausgeführt werden. Wenn das Parlament zum Beispiel beschließt, dass Deutschland klimaneutral werden soll, muss die Regierung dafür sorgen, dass das auch passiert. Bei der Ausführung dieser Aufgabe helfen ihr die Verwaltung und die Polizei.

Man spricht auch von der exekutiven Gewalt. **Exekutiv** kommt aus dem Lateinischen und bedeutet ausführend.

DIE ORDNUNG DER DEUTSCHEN DEMOKRATIE 2: MACHTBEGRENZUNG

Die Teilung der Staatsgewalt in drei verschiedene Gruppen dient dazu, Machtverhältnisse zu regeln, Macht zu begrenzen und Machtmissbrauch zu verhindern. Das oberste politische Ziel in Deutschland ist es, nicht noch einmal eine Diktatur zu werden. Deshalb wurde bei der Gründung der Bundesrepublik sehr viel Wert darauf gelegt, demokratische Regeln zu finden, die das verhindern.

Was ist Macht eigentlich?

Macht zu haben, bedeutet, dass jemand aufgrund seiner oder ihrer Position über andere bestimmen kann.

Es gab in Deutschland im Jahr 1933 einen Machtmissbrauch, der fürchterliche Folgen hatte.

Adolf Hitler war ein Politiker, dem sich die Menschen unterordneten und der deshalb in eine Position kam, in der er die demokratische Grundordnung auflösen konnte. Die demokratischen Regeln der Weimarer Republik waren zu schwach, um das verhindern zu können, weil die Macht bei nur einer Person lag.

Die demokratischen Regeln der Bundesrepublik Deutschland sind deshalb so angelegt, dass sie Macht begrenzen, indem staatliche Aufgaben sehr breit verteilt werden. Für diese Art der Machtausübung ist vor allem der Aufbau einer rechtmäßig handelnden Verwaltung wichtig.

Die Verwaltung besteht aus Behörden, die die Angelegenheiten des Staates organisieren.

Das Finanzamt zum Beispiel kümmert sich um die Steuern.

Niemand kann etwas ganz alleine entscheiden, auch nicht der oder die Bundeskanzler:in. Meistens regiert er oder sie mit Minister:innen zusammen, die aus unterschiedlichen Parteien kommen und nicht unbedingt der gleichen Meinung sind wie der oder die Bundeskanzler:in. Er oder sie muss sich mit seinem Kabinett austauschen und Kompromisse eingehen, damit das Kabinett gut zusammenarbeiten kann.

Damit möglichst viele Menschen an den politischen Entscheidungsprozessen beteiligt sind, ist die Bundesrepublik Deutschland in 16 Bundesländer unterteilt. In jedem Bundesland gibt es eine eigene Gewaltenteilung. Das heißt, jedes Bundesland hat ein Länderparlament, ein Landgericht und eine Landesregierung. Länderregierungen können viele Gesetze für ihr eigenes Bundesland beschließen. Manche Gesetze gelten aber auch für alle Bundesländer: Das sind die Gesetze der Bundesregierung.

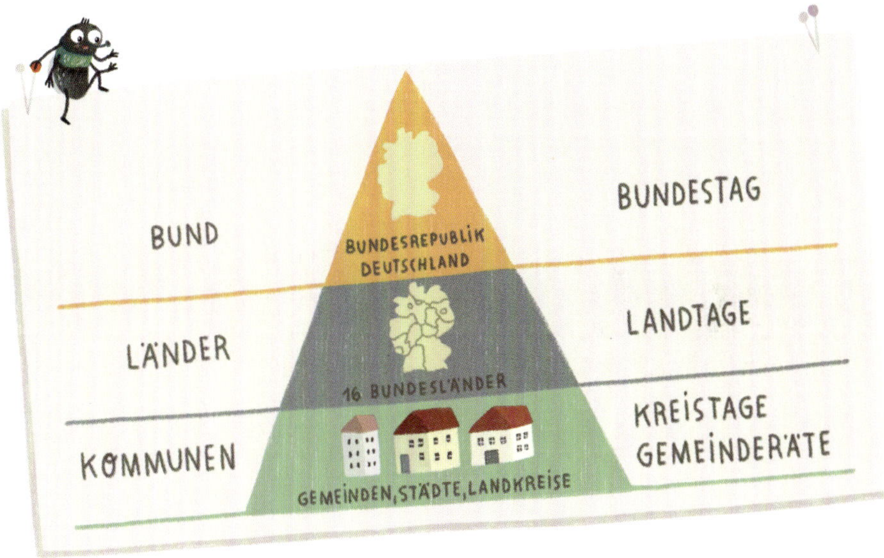

BUNDESRAT

Die Landesregierungen sind auch bei den Gesetzgebungsprozessen auf Bundesebene beteiligt. Sie treffen sich im Bundesrat und stimmen über neue Gesetze des Bundesparlamentes mit ab. So wird verhindert, dass ganz Deutschland nur von Berlin aus regiert wird. Die Bundesländer können also auf diese Weise in Berlin Einfluss nehmen.

Man nennt den Bundesrat auch Ländervertretung. Als Treffpunkt hat er ein eigenes Gebäude in Berlin. Auch im Plenarsaal des Bundestages haben die Mitglieder des Bundesrates Sitze.

DIE ORDNUNG DER DEUTSCHEN DEMOKRATIE 3: REGIERUNG UND OPPOSITION

In Deutschland wird die Zusammensetzung des Bundestages alle vier Jahre neu gewählt. Diese Zeitspanne zwischen zwei Bundestagswahlen nennt man **Legislaturperiode**. Legislatur heißt Gesetzgebung, so wie bei der legislativen, also gesetzgebenden Gewalt, und meint den Bundestag. Eine Periode ist der Abstand zwischen zwei wiederkehrenden Punkten, hier den Wahlen. Die Zeit zwischen zwei Bundestagswahlen heißt deshalb Wahlperiode oder Legislaturperiode. Sehr häufig wird jedoch abgekürzt einfach von Legislatur gesprochen.

Die gewählten Abgeordneten des Bundestages müssen nach der Wahl als Erstes überlegen, wer Bundeskanzler:in werden soll. Das muss jemand sein, den oder die die Mehrheit der Abgeordneten wählen würden. Nun hilft es, dass die Abgeordneten in Gruppen nach Parteien sortiert sind, den sogenannten **Fraktionen**. Es geht nämlich schneller, wenn sich zwei oder drei Fraktionen zusammentun und eine Mehrheit bilden, als wenn alle einzeln miteinander reden. Die Fraktionen, die sich zusammentun und den oder die Bundeskanzler:in vorschlagen, nennt man **Koalition**. Das kommt aus dem Lateinischen und heißt Zusammenwachsen.

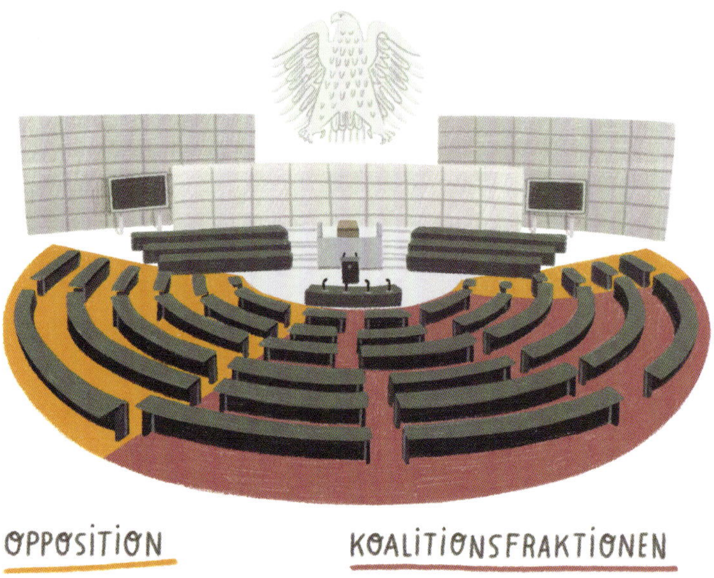

Alle anderen Parteigruppen, die nicht in der Koalition sind, nennt man **Opposition**. Das Wort Opposition kommt aus dem Lateinischen und bedeutet Entgegensetzung. Die Opposition ist oft anderer Meinung als die Koalition und die Regierung. Sie schaut deshalb oft besonders genau hin, ob die Regierung gut arbeitet. Sie hat die Aufgabe, die Arbeit der Regierung zu kontrollieren.

Wenn sich eine Koalition gefunden hat, schlägt sie einen Kandidaten oder eine Kandidatin als Bundeskanzler:in vor. Diese Person muss mit einer Mehrheit vom Bundestag gewählt werden. Weil die Koalition ja schon eine Mehrheit im Bundestag hat, wird der oder die Bundeskanzler:in gewöhnlich sofort gewählt.

Außerdem entscheidet die Koalition darüber, welche Parteigruppe welches Ministerium anführen soll. Wenn alle Ministerien an die Parteien der Koalition verteilt sind, überlegt jede Partei für sich, welche Person Minister:in in den ihnen zugeteilten Ministerien werden soll. Der oder die Bundeskanzler:in nimmt die Vorschläge der Parteien entgegen und gibt sie an den oder die Bundespräsident:in weiter. Denn der oder die Bundeskanzler:in darf sich und das Kabinett nicht selbst ernennen.

Auf Seite 49 findest du alle 16 Bundesministerien.

DIE ORDNUNG DER DEUTSCHEN DEMOKRATIE 4: BUNDESPRÄSIDENT:IN UND BUNDESRAT

Wer ernennt die Regierung?

Der oder die **Bundespräsident:in** ernennt die Regierung. Auch er oder sie wurde gewählt und hat außerdem die Aufgabe, wichtige Regierungsentscheidungen rechtskräftig werden zu lassen, indem er oder sie die Bundesgesetze unterschreibt. Außerdem verkörpert er oder sie als Staatsoberhaupt die Einheit des Staates.

Der oder die Bundespräsident:in wird nicht direkt gewählt, sondern von der **Bundesversammlung**, die nur zu dieser Wahl zusammentritt. Die Bundesversammlung besteht aus allen Mitgliedern des Parlaments und ebenso vielen Wahlleuten aus den Bundesländern.

Der oder die Bundespräsident:in ist Staatschef:in und repräsentiert die Bundesrepublik Deutschland.

Der oder die Bundeskanzler:in ist Regierungschef:in und lenkt die Politik der Bundesrepublik Deutschland.

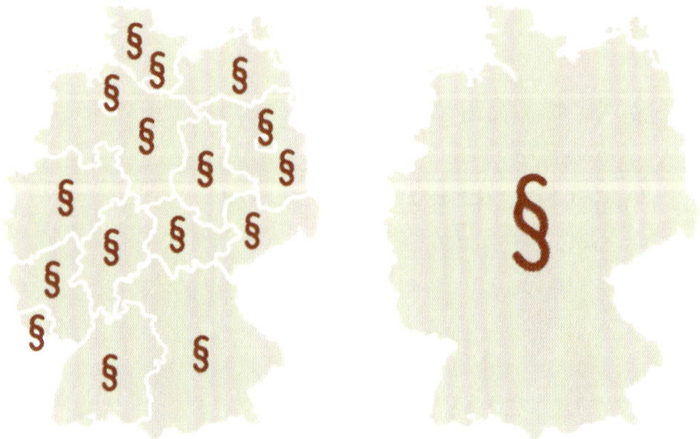

LANDESGESETZE BUNDESGESETZE

Neben den Abgeordneten des Bundestages und den Regierungsmitgliedern können auch die Bundesländer bei der Politik der Bundesrepublik mitreden. Jedes Bundesland ist mit Mitgliedern seiner Landesregierung im **Bundesrat** vertreten. Es gibt Gesetze, die nicht nur von den Abgeordneten im Bundestag, sondern auch von den Bundesländern im Bundesrat beschlossen werden müssen.

Im Bundesrat wird darauf geachtet, dass die Gesetze auch gut für die Bundesländer sind. Wenn selbstständige Bundesländer zu einem Gesamtstaat gehören und dort mitbestimmen dürfen, nennt man das **Föderalismus**.

Föderalismus kommt aus dem Lateinischen und heißt Bund oder Bündnis.

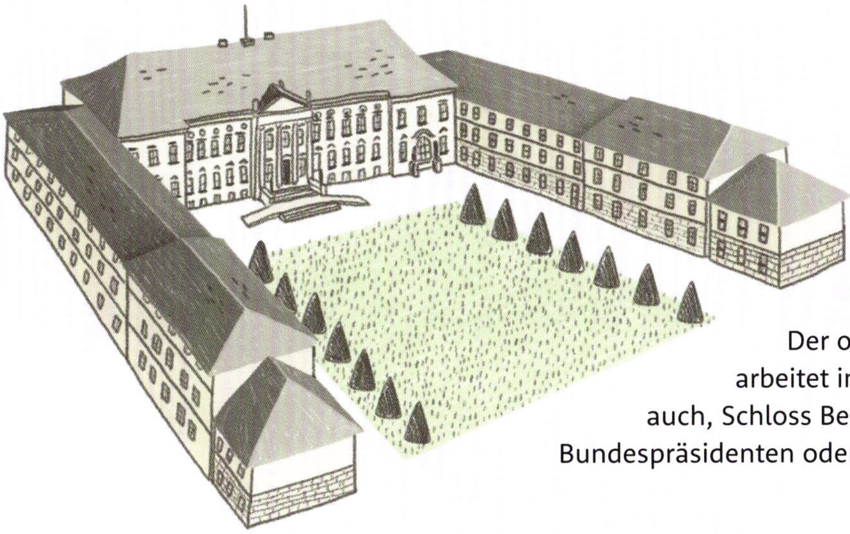

Der oder die Bundespräsident:in arbeitet im Schloss Bellevue. Man sagt auch, Schloss Bellevue ist der Amtssitz des Bundespräsidenten oder der Bundespräsidentin.

Der oder die Bundeskanzler:in arbeitet im Bundeskanzler:innenamt. Man sagt auch, das Bundeskanzler:innenamt ist der Dienstsitz des Bundeskanzlers oder der Bundeskanzlerin.

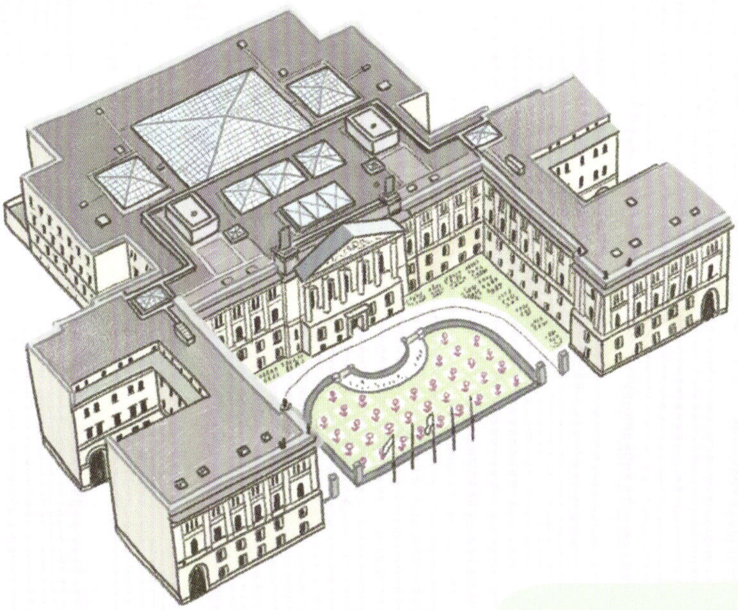

Der Bundesrat tagt im Bundesratsgebäude. Man sagt auch, der Sitz des Bundesrates ist das Bundesratsgebäude.

Alle drei Gebäude liegen nicht weit weg vom Reichstagsgebäude.

ZUSAMMENFASSUNG:
MERKMALE DER DEMOKRATIE

Was sind also die Merkmale einer Demokratie?

Eine Demokratie ist eine Regierungsform, bei der eine gewählte Volksvertretung die politische Macht ausübt. In der Bundesrepublik Deutschland ist das der Bundestag. Er besteht aus gewählten Abgeordneten.

Wichtige Merkmale einer Demokratie sind:

- Teilhabe aller an der politischen Willensbildung
- Allgemeine, freie, gleiche und geheime Wahlen
- Aufteilung der Staatsgewalt in Gesetzgebung, ausführende Gewalt und Rechtsprechung (Gewaltenteilung)

Garantie der Grundrechte von Individuen gegenüber dem Staat

Parteien haben maßgeblichen Anteil an der politischen Willensbildung und an der durch Wahlen rechtlich anerkannten Regierung (Mehrparteiensystem)

Es gibt eine Opposition, freie Meinungsäußerung, Pressefreiheit, Möglichkeit friedlichen Regierungswechsels, Minderheitenschutz

Transparenz, also frei zugängliche Informationen über Abläufe, Sachverhalte, Vorhaben und Entscheidungsprozesse der Regierung

WAS MACHEN ABGEORDNETE DEN GANZEN TAG?

Bundestagsabgeordnete können nicht zu jedem Thema alles wissen. Deshalb arbeiten sie innerhalb einer Fraktion arbeitsteilig. Jede:r kümmert sich um ein bestimmtes Thema und wird so zum oder zur Fachpolitiker:in. Die Themen orientieren sich an der Fachlichkeit der Ministerien. Man kann sich auf Verkehr spezialisieren oder Umwelt, auf Finanzen oder Flüchtlinge, Wirtschaft, Digitalisierung, Kultur, Arbeit, Familie – eigentlich auf jedes Thema, das für politische Entscheidungen wichtig ist.

Der Tag eines oder einer Bundestagsabgeordneten mit dem Thema Klima zum Beispiel könnte so aussehen:

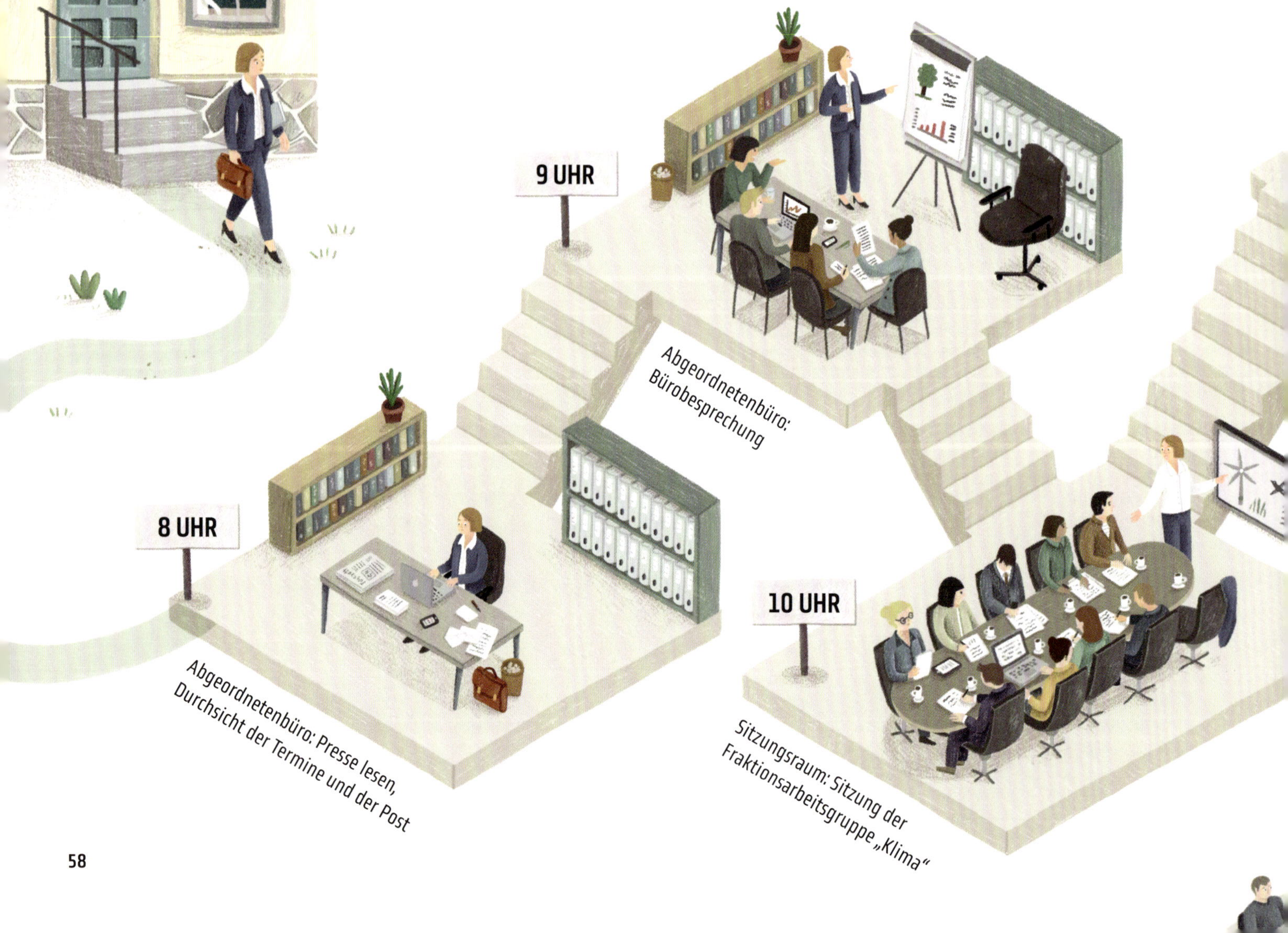

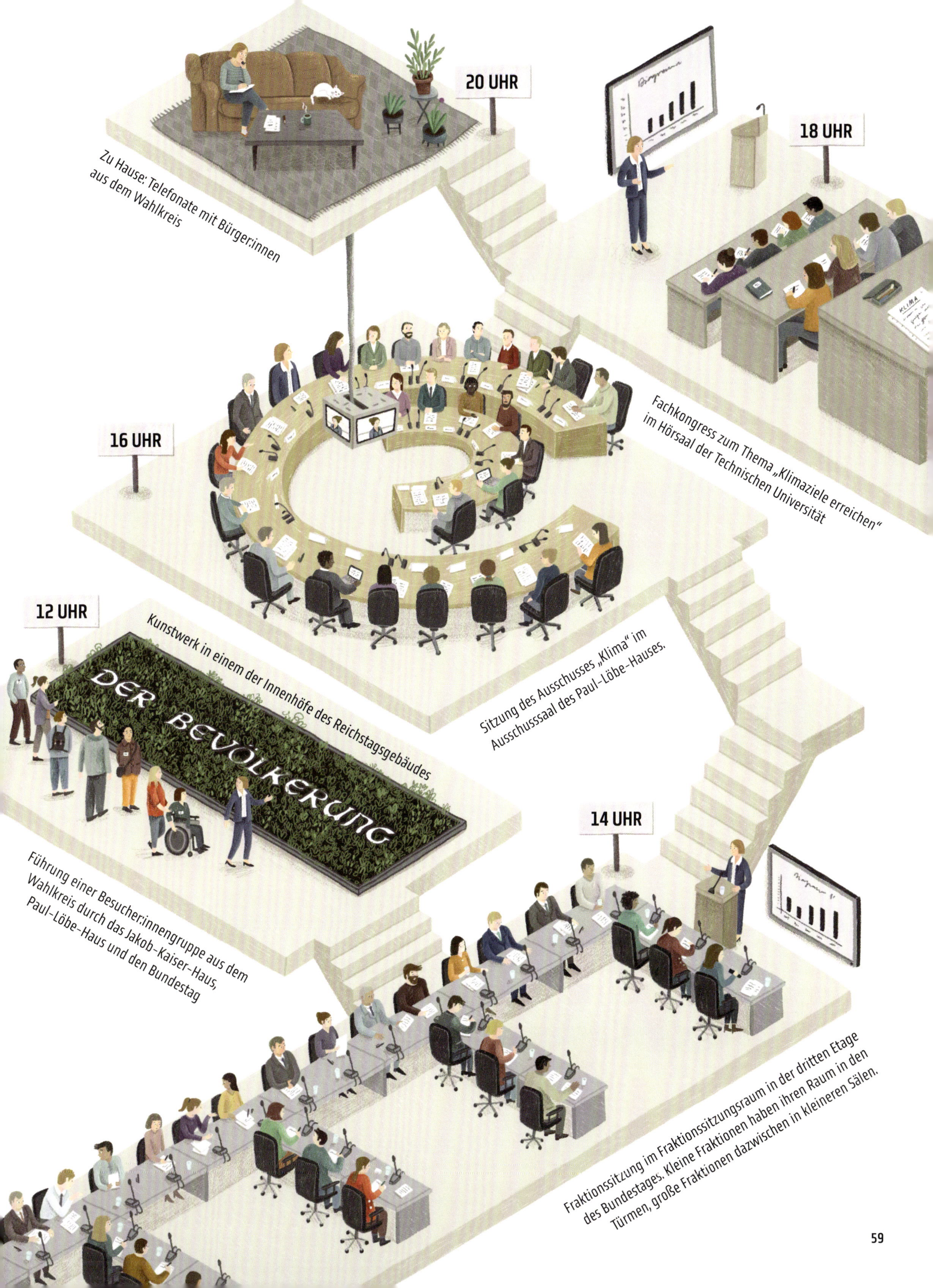
20 UHR
Zu Hause: Telefonate mit Bürger:innen aus dem Wahlkreis
18 UHR
KLIMA
Fachkongress zum Thema „Klimaziele erreichen“ im Hörsaal der Technischen Universität
16 UHR
Sitzung des Ausschusses „Klima“ im Ausschusssaal des Paul-Löbe-Hauses.
12 UHR
Kunstwerk in einem der Innenhöfe des Reichstagsgebäudes
DER BEVÖLKERUNG
Führung einer Besucher:innengruppe aus dem Wahlkreis durch das Jakob-Kaiser-Haus, Paul-Löbe-Haus und den Bundestag
14 UHR
Fraktionssitzung im Fraktionssitzungsraum in der dritten Etage des Bundestages. Kleine Fraktionen haben ihren Raum in den Türmen, große Fraktionen dazwischen in kleineren Sälen.

DIE DA OBEN

Wer sind eigentlich „Die da oben"?

Oft sagen Leute etwas wie „Die da oben haben keine Ahnung" oder „Die da oben machen, was sie wollen".

Gemeint sind wahrscheinlich die Abgeordneten, die sich im Bundestag treffen, um darüber zu diskutieren, welche Entscheidungen getroffen werden sollen.

Alle können die Vollversammlung anschauen und zuhören und sich so eine Meinung darüber bilden, was dort diskutiert wird. Das macht aber eigentlich niemand – weil es kompliziert und ziemlich langweilig ist.

Es ist nicht nur kompliziert, sondern auch sehr zeitaufwendig, sich darüber zu informieren, welche Regeln das Land braucht, damit es gut funktioniert. Diese Arbeit erledigen die gewählten Abgeordneten stellvertretend für die Wähler:innen. Wenn den Wähler:innen das zu wenig Mitbestimmung ist, können sie sich selber zur Wahl stellen und im Parlament mitarbeiten. Oder sie bewerben sich bei einer der etwa 900 Bundesbehörden um einen der 500.000 Arbeitsplätze.

Niemand in der Regierung oder im Parlament macht, was er oder sie will, weil immer eine Mehrheit hergestellt werden muss, die den jeweiligen Vorschlag unterstützt. Deshalb werden meistens Kompromisse gewählt.

Ob einzelne Regierende gut arbeiten oder nicht, kann man aus der Entfernung schlecht erkennen. Sie sind aber besonders gut mit Informationen über jedes wichtige Thema versorgt. In den Bundesbehörden arbeiten Tausende Fachleute, die alle Informationen sammeln und an die Regierenden weitergeben.

Fast alle Parteien habe eine Jugendorganisation für Menschen unter 18. Dort kann man sich politisch betätigen und für seine Überzeugungen kämpfen, indem man andere von seiner Meinung überzeugt. Außerdem kann man bei NGOs und sozialen Bewegungen mitmachen. Wenn man etwas bewirken will, muss man aktiv werden.

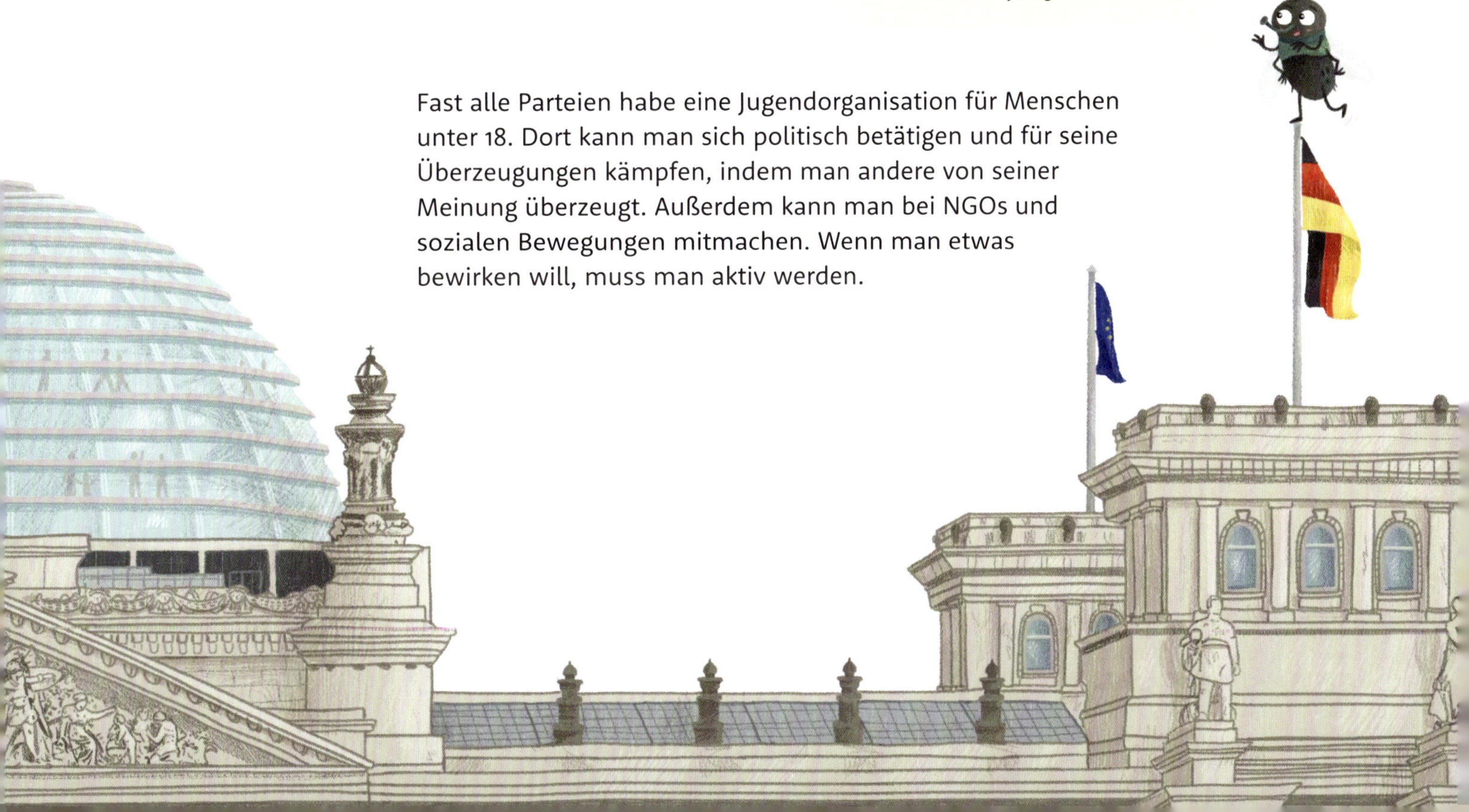

SO FUNKTIONIERT GEWALTENTEILUNG

KOMUNALEBENE – GEMEINDEN

WÄHLT

Landtag/Landesparlamente
Jedes Bundesland hat einen Landtag.

Gewählte Vertreter:innen arbeiten, um Gesetze für ihr Bundesland zu machen, Probleme zu diskutieren und die Interessen der Bürger:innen ihres Bundeslandes zu vertreten.

WÄHLT

Landesverfassungsgericht
Jedes Bundesland hat ein eigenes Landesverfassungsgericht.

Es wacht darüber, ob Entscheidungen und Gesetze der Regierung mit den Regeln der Verfassung des jeweiligen Bundeslandes übereinstimmen.

WÄHLT

Ministerpräsident:in

Verantwortlich für Bereiche wie z. B. Bildung, Umwelt. Sie leiten Ministerien auf Landesebene und arbeiten daran, Gesetze zu entwickeln und Probleme zu lösen.

LANDESEBENE – BUNDESLÄNDER

ENTSENDET

gekorene Mitglieder

ERNENNT

ENTSENDET

Landesregierungen/Landeskabinette
Gruppe von Minister:innen unter der Leitung des Ministerpräsidenten oder der Ministerpräsidentin eines Bundeslandes

Ihre Aufgabe ist es, die Regierungsgeschäfte des Bundeslandes zu führen, Gesetze vorzubereiten und umzusetzen, Haushaltsfragen zu beantworten und die Verwaltung des Landes zu leiten.

LEGISLATIVE GEWALT

JUDIKATIVE GEWALT

EXEKUTIVE GEWALT

Wahlberechtigte Bürger:innen dürfen wählen.

WÄHLT

WÄHLT EINE HÄLFTE

Bundesverfassungsgericht
Karlsruhe

Wacht über die Einhaltung des Grundgesetzes für Deutschland.

KONTROLLE NUR BEI KLAGE

ÄNDERN EINFÜHREN AUFHEBEN ENTWURF

Bundestag
Berlin, Reichstagsgebäude

Die gewählten Abgeordneten beschließen die Gesetze für Deutschland.

IST TEIL

WÄHLT EINE HÄLFTE

§

ENTWURF

Bundesrat
Berlin, Bundestagsgebäude

Vertreter:innen der Länderparlamente kommen zusammen, um die Interessen ihrer verschiedenen Bundesländer zu vertreten und über Gesetze abzustimmen.

ENTWURF KONTROLLE

SETZT IN KRAFT

Bundesregierung/Bundeskabinett
16 Minister:innen unter der Leitung des Bundeskanzlers oder der Bundeskanzlerin

Leitung der Regierungsgeschäfte wie z. B. die Vorbereitung und Umsetzung von Gesetzen, die Verwaltung des Bundeshaushalts, die Vertretung des Landes nach außen und die Entwicklung von politischen Maßnahmen, die das ganze Land betreffen.

BUNDESVERSAMMLUNG

WÄHLT

SCHLÄGT VOR

Bundespräsident:in
Staatsoberhaupt Deutschlands

Präsentiert das Land nach innen und außen. Unterzeichnet Gesetze, ernennt Regierungsmitglieder, überwacht den demokratischen Prozess.

ERNENNT

Bundeskanzler:in
Regierungschef:in Deutschlands, leitet die Bundesregierung

Führt Regierungsgeschäfte, koordiniert die Ministerien, vertritt Deutschland im In- und Ausland, bereitet Gesetze vor und trifft Entscheidungen in enger Zusammenarbeit mit dem Bundeskabinett und dem Bundestag.

WÄHLT

NOCH MEHR FRAGEN

Warum ist Demokratie so wichtig für uns?

In einer Demokratie können die Menschen frei leben, das heißt, niemand darf unterdrückt werden. Wenn es dieses Recht nicht gibt, zum Beispiel in einer Diktatur, wird es auch nicht eingehalten. In einer Demokratie ist es sehr schwer, eine Mehrheit zu finden, die einen Krieg anfangen will. Es gibt nämlich keine guten Argumente für einen Krieg. In einer Diktatur dagegen können einige wenige einfach einen Krieg beschließen. Die Demokratie ist die Grundlage dafür, dass wir ein freies Leben führen können.

Wie ist Demokratie entstanden?

Die erste begriffliche Erwähnung des Begriffs Demokratie findet sich im 5. Jahrhundert vor Christus. Im antiken Athen hatte es soziale Spannungen gegeben, und der Zusammenhalt der Gesellschaft war bedroht. Deshalb wurde ein hoher Beamter von der zerstrittenen Bürgerschaft als Schlichter berufen. Er leitete einen Prozess ein, den man Demokratisierung nennen kann. Das Ziel dieser frühen Demokratie war, Willkürmacht auszuschließen und Rechte zu sichern. Ihre Merkmale waren Rechtsgleichheit für alle, die Amtsbesetzung durch Losverfahren, die Auskunftspflicht der Amtsträger gegenüber der Gesamtheit und die Entscheidung aller Fragen durch die Gesamtheit.

Welche Niederlage war die schlimmste, die ein:e demokratische:r Politiker:in erlebt hat?

Die schlimmste Niederlage war das Scheitern der Weimarer Republik mit anschließender Diktatur und Krieg. Dass das Weimarer Parlament außer Kraft gesetzt werden konnte, lag an einem Fehler in der Machtverteilung. Der Reichspräsident konnte in Krisensituationen die Grundrechte einschränken und das Parlament auflösen. Leider war dieser Fehler in der Verfassung von vielen Politiker:innen bewusst gemacht worden, um das Parlament zu schwächen. Diejenigen, die davor warnten, konnten keine Mehrheit hinter sich versammeln. Das war die schlimmste Niederlage in der Geschichte der deutschen Demokratie.

Um so etwas zu verhindern, sind die Machtbefugnisse in der Bundesrepublik Deutschland heute breit verteilt, und die Staatsgewalten kontrollieren sich gegenseitig. Trotzdem sollte man wachsam sein, denn alle Gesetze sind von Menschen gemacht und können von Menschen wieder abgeschafft werden.

Wie viel Streit gibt es in der Demokratie?

In einer Demokratie gibt es viel Streit, weil es viele unterschiedliche Meinungen gibt. In der Politik geht es darum, mit guten Argumenten Mehrheiten für eine Entscheidung zu finden. Mehrheiten bekommt man eigentlich nur, wenn man Kompromisse eingeht. Man muss eine Lösung finden, die so viele wie möglich akzeptieren. Dazu muss jede:r ein bisschen von seiner oder ihrer Meinung abrücken und Zugeständnisse machen. Wenn das nicht passiert und jede:r auf ihrer oder seiner Meinung beharrt, ohne die anderen davon überzeugen zu können, gibt es keine Einigung. Die Voraussetzung für Demokratie ist Kompromissfähigkeit.

In wie vielen Ländern gib es im Augenblick Demokratie?

Es gibt 193 Staaten auf der Welt. Davon sind 123 Demokratien. Das sind ungefähr 63 % aller Länder.

Zum Weiterlesen:
Portal zum Deutschen Bundestag für Kinder: kuppelkucker.de
Portal zum Deutschen Bundestag für Jugendliche: mitmischen.de

LISTE SCHWIERIGER WÖRTER UND IHRE BEDEUTUNG

Abgeordnete
Mitglieder des Deutschen Bundestages

Autokratie
Selbstherrschaft, eine oder mehrere Personen üben unkontrolliert Macht aus, ohne Beschränkung durch eine Verfassung

BRD
Abkürzung für Bundesrepublik Deutschland

Bundesadler
Wappentier der Bundesrepublik Deutschland

Bundeskabinett
Regierungsmitglieder der Bundesrepublik Deutschland

Bundeskanzler:in
Regierungschef:in der Bundesrepublik Deutschland. Bestimmt laut Verfassung die Handlung der Regierung

Bundesminister:in
Mitglied der Regierung der Bundesrepublik Deutschland, leitet ein Bundesministerium

Bundespräsident:in
Staatsoberhaupt der Bundesrepublik Deutschland

Bundesversammlung
Versammlung aller Parlamentarier:innen und ebenso vieler Wahlleute aus den Bundesländern zur Wahl des Bundespräsidenten oder der Bundespräsidentin

Bundesrat
Versammlung von Mitgliedern der Länderparlamente, um über Gesetze abzustimmen

Bundestag
Parlament der Bundesrepublik Deutschland

Bundesverfassungsgericht
Oberster Gerichtshof zum Schutz des Grundgesetzes

DDR
Abkürzung für Deutsche Demokratische Republik

Demokratie
Herrschaftsform, in der das Staatsvolk die Macht hat. Alle Bürger:innen sind für den Staat verantwortlich.

Diät
Entschädigung, die die Abgeordneten monatlich bekommen

Diktatur
Herrschaftsform, eine oder mehrere Personen üben uneingeschränkt Macht aus

Exekutive Gewalt
Die vollziehende Gewalt in Form der Regierung, der Verwaltung und der Polizei. Ihr ist die Ausführung der Gesetze anvertraut.

Föderalismus
Die einzelnen Bundesländer haben eigene Regierungen und ein Mitspracherecht bei der Gesetzgebung auf der Bundesebene.

Fraktion
Vertreter:innen einer Parteiengruppe im Parlament

Gesetz
Vorschrift, die menschliches Verhalten regelt

Gewaltenteilung
Aufteilung der Staatsgewalt in drei Teile

Grundrechte
Freiheits- und Gleichheitsrechte der Individuen gegenüber dem Staat

Judikative Gewalt
Die richterliche Gewalt. Richter:innen und Gerichte entscheiden, was nach dem Gesetz richtig ist.

Kandidat:in
jemand, der oder die sich zur Wahl stellt

Koalition
Bündnis auf Zeit aus verschiedenen Parteien, um eine stabile Regierung zu formen

Legislative Gewalt
Parlament, zuständig für die Beratung und das Beschließen von Gesetzen

Legislaturperiode
Zeitspanne zwischen zwei Bundestagswahlen, gewöhnlich 4 Jahre

Macht
wenn jemand aufgrund seiner oder ihrer Position über andere bestimmen kann

Monarchie
Staatsform, an deren Spitze eine Person auf Lebenszeit steht und ihr Amt weitervererbt

NGO
Abkürzung für Non Governmental Organization, private Organisationen, die versuchen, ihre Themen durch Aktivitäten an die Öffentlichkeit zu bringen

Opposition
Fraktionen im Bundestag, die nicht der Regierung angehören

Parlament
politische Volksvertretung, übt die gesetzgebende (legislative) Gewalt aus

Parteien
organisierter Zusammenschluss von Menschen, die die gleichen politischen Ziele haben und möglichst viel Mitsprache erringen wollen

Plenarsaal
zentraler Versammlungsraum eines Parlaments

Plenum
Gesamtheit der vom Volk gewählten Abgeordneten

Politik
Gestaltungsarbeit zur Regelung der Angelegenheiten eines Staates

Presse
Gesamtheit aller öffentlichen Medien: Zeitungen, Zeitschriften, Radio, Fernsehen, Internet

Regierung
besteht aus Bundeskanzler:in und Bundesminister:innen und übt die vollziehende (exekutive) Gewalt aus

Reichstag
Reichstagsgebäude am Platz der Republik in Berlin, seit 1999 Sitz des Deutschen Bundestages

Staat
Vereinigung von Menschen (Staatsvolk) in einem abgegrenzten Gebiet (Staatsgebiet)

Transparenz
frei zugängliche Information über Abläufe, Sachverhalte, Vorhaben, Entscheidungsprozesse der Regierung

Verfassung
urkundlich festgelegte Grundordnung eines Staates

Wahl
Verfahren, um aus einer Auswahl an Kandidaten und Kandidatinnen Abgeordnete zu wählen, die in der parlamentarischen Arbeit den Volkswillen repräsentieren

Andrea Paluch, Hier wird Politik gemacht – Das Reichstagsgebäude

KARIBU – Ein Verlag der Edel Verlagsgruppe
3. Auflage 2024

Umschlag- und Innenillustrationen: Stephanie Marian
Umschlaggestaltung: Christian Keller
Satz: Makoto Watanabe
Druck: optimal media GmbH, Röbel
ISBN: 978-3-96129-382-7
Printed in Germany

www.karibubuecher.de